NATUR-WERKSTATT

98 Bilderrahmen

100 Klanggarten

102 Weidenpfeife

104 Schmetterlingsflügel

INHALT

GARTENPROJEKTE FÜR KINDER

FORSCHEN UND ENTDECKEN 6

Regenwurmfarm 8
Insekten unter der Lupe 10
Samen aussäen 12
Sonnenblumen-Wettrennen 14
Samensammler 16
Pflanzensammler 18
Ein Blatt für jeden Baum 20
Sonnenuhr 22
Feuermachen 24

IM KINDER-GARTEN IST JEDE MENGE LOS 26

Gemüseschnecke 28
Rankgitter bauen 30
Beet für die Sinne 32
Kleine Blumenwiese im Kasten 36
Zwiebelblumen-Bilder 38
Knollen anbauen 40
Hochhaus mit Erdbeeren 42
Obstbaum pflanzen 44

EIN HERZ FÜR TIERE 46

Insektenhotel 48
Nisthilfe für Vögel 50
Nistkasten für Fledermäuse 52

INHALT

GESCHENKE AUS UNSEREM GARTEN ... 54

Marmelade einkochen ... 56
Natur-Malkasten ... 58
Pinsel selber machen ... 60
Gartenhocker ... 62
Sonnenschmuck ... 64
Ringelblumencreme ... 66
Frühlingsseife ... 68

IM GARTEN FEIERN ... 70

Lauf- und Fangspiele ... 72
Pflanzenquiz ... 74
Geschicklichkeits- und Schätzspiele ... 76
Duftratespiel ... 78

SPIELGERÄTE SELBER MACHEN ... 80

Mandalas legen ... 82
Witzige Wippe ... 84
Wasserbaustelle ... 86
Lehmbauklötze ... 88
Ideen aus Blech ... 90
Pferde im Garten ... 92
Kinder-Gartenküche ... 94

NATUR-WERKSTATT ... 96

Bilderrahmen ... 98
Klanggarten ... 100
Weidenpfeife ... 102
Schmetterlingsflügel ... 104
Gemüseladen ... 106
Stuhl aus Wildholz ... 108
Baumhaus ... 112

Register ... 116
Service ... 118

FORSCHEN
und entdecken

JETZT GEHEN KLEINE FORSCHER IM GARTEN AUF GROSSE EXPEDITION. ES WIRD GEBUDDELT, GESAMMELT, GESÄT UND BEOBACHTET! UND DABEI KÖNNEN SIE EINIGES LERNEN.

[1.]

[2.]

> ZU EINER NATURFORSCHER-AUSRÜSTUNG GEHÖREN VOR ALLEM EIN NOTIZBLOCK MIT BLEISTIFT UND GGF. EINE FOTOKAMERA. ALLE NOTIZEN WERDEN MIT DATUM, UHRZEIT UND GGF. FUNDORT VERSEHEN. FOTOS ODER SKIZZEN ERLEICHTERN ZUSÄTZLICH, DIE VERÄNDERUNGEN IM GLAS ZU BEMERKEN.

[3.]

FORSCHEN UND ENTDECKEN

REGENWURMFARM
Wie gute Erde entsteht

DER REGENWURM IST EIN WICHTIGER TEIL IN UNSEREM NATURKREISLAUF, DENN ER BESCHENKT UNS MIT FRUCHTBAREM BODEN. ABER WIE MACHEN DIE UNSCHEINBAREN WÜRMER DAS? UM DAS HERAUSZUFINDEN, BAUEN WIR EINE KLEINE REGENWURMFARM.

Material

- großes Glas mit mindestens 12 cm Durchmesser
- heller Sand, z. B. aus der Sandkiste
- dunkle Erde, z. B. aus dem Beet
- etwas Komposterde
- 1 Handvoll Grasschnitt
- Gemüsereste wie Salatblätter, Wurzelgrün etc.
- altes Tuch und Band
- Gießkanne mit Brauseaufsatz
- Lupe
- Schreibpapier, z. B. Notizblock und Bleistift

Los geht's

1. Wer weiß, wo wir Regenwürmer finden? Richtig, in der Erde. Fragt sich nur, in welcher Gartenecke sich am meisten Würmer verstecken. Um dies herauszufinden, heben wir an verschiedenen Stellen vorsichtig einen Spaten voll Erde aus. Nun wird gezählt, wo sich besonders viele Würmer verkrochen haben: am Sonnenplatz oder im Schatten, am Kompost oder an der Trockenmauer?

2. Anschließend den Glaszylinder in etwa 2 bis 5 cm dicken Schichten mit Erde, Kompost und Sand befüllen. Obenauf den Grasschnitt und die Gemüsereste legen.

3. Die Würmer in das Erdglas setzen. Damit es für die fleißigen Tiere nicht zu eng wird, maximal zehn Würmer auf einmal hineingeben. Das Ganze leicht befeuchten und mit einem Tuch abdecken (ggf. mit dem Band befestigen).
   Nun können Beobachtungen Tag für Tag notiert werden. Nach etwa vier Wochen hat sich die Erde deutlich verändert, oder?

INTERESSANT | ARBEITER FÜR GUTE ERDE   Der Regenwurm frisst u. a. abgestorbene Pflanzenreste und scheidet die zersetzten Teilchen als nährstoffreichen Kot aus. Hiervon ernähren sich wiederum Pflanzen. Mensch und Tier essen Pflanzen und lassen ihrerseits Reste zurück, von denen sich der Regenwurm ernährt. Würde insbesondere der Regenwurm keine nährstoffreiche Erde herstellen, wären unsere Böden nicht auf natürliche Weise fruchtbar.

[1.]

[2.]

[3.]

> ZU DEN INSEKTEN ZÄHLEN Z. B. AMEISEN, BIENEN, FLÖHE, KÄFER, LIBELLEN, OHRWÜRMER, SCHMETTERLINGE UND WANZEN. GEHÖREN REGENWÜRMER UND SPINNEN AUCH ZU DEN INSEKTEN UND WENN JA BZW. NEIN WARUM?

INTERESSANT | KLEINE LEBEWESEN MIT GROSSER AUFGABE   Insekten übernehmen viele wichtige Aufgaben in der Natur. Manche zersetzen Pflanzenreste, andere sorgen über die Bestäubung für die Vermehrung vieler Pflanzen und spielen somit auch eine große Rolle bei der Nahrungsproduktion für uns Menschen. Nicht zuletzt sind sie oft auch eine wichtige Nahrungsquelle für andere Tiere z. B. Vögel.

FORSCHEN UND ENTDECKEN

INSEKTEN UNTER DER LUPE
Beobachten für kleine Forscher

KLEIN, ABER OHO! DAS SIND INSEKTEN. WEIT ÜBER 80 % ALLER BEKANNTEN TIERARTEN GEHÖREN ZU DIESER GRUPPE. UNTER EINER BECHERLUPE LASSEN SICH FEINE BESONDERHEITEN DER SECHSBEINER BEOBACHTEN.

Material
- Becherlupe
- Kescher
- Malsachen
- Bestimmungsbuch

Los geht's

1. Wo haben sich die Insekten im Garten versteckt? In einer Becherlupe können die Insekten gleichzeitig verwahrt und später ausgiebig beobachtet werden.
2. Um zu überprüfen, ob es sich tatsächlich um Insekten handelt, wird die Anzahl der Beine am Brustteil gezählt. Fühler und andere Extremitäten nicht mitzählen! Ist der Regenwurm tatsächlich ein Insekt?
3. Beim Zeichnen kann man die kleinen Krabbler besonders genau beobachten. Danach werden sie wieder freigelassen.

Insekten-Check

Wichtiges Merkmal aller Insekten ist ihr dreigeteilter Körperaufbau aus Kopf (Caput), Brust (Thorax) und Hinterleib (Abdomen). Auf diese Eigenart bezieht sich auch ihr Name, der sich von dem lateinischen Wort für „eingeschnitten" ableitet. Neben der Körperdreiteilung haben alle Insekten einen sogenannten Chitinpanzer und drei Beinpaare, die am Thorax sitzen. Viele haben zudem zwei Flügelpaare. Daneben können sie noch andere Extremitäten, also Körperteile wie Fühler, Fangwerkzeuge oder Stachel, besitzen. Insekten haben kein inneres Skelett, sondern gewissermaßen ein äußeres. Dies ist der Chitinpanzer, der dem Körper Halt gibt und ihn zugleich vor Austrocknung schützt. Ein weiteres Kennzeichen ist das sogenannte Facettenauge, das sich aus vielen Einzelaugen zusammensetzt.

FORSCHEN UND ENTDECKEN

SAMEN AUSSÄEN
Pflanztöpfe selber machen

SAMEN SIND ECHTE WUNDERWERKE: WINZIG KLEIN ENTHALTEN SIE BEREITS DAS GANZE WISSEN, UM ZU GROSSEN PFLANZEN HERANZUWACHSEN. DAMIT SIE GUTE STARTBEDINGUNGEN HABEN, ZIEHEN WIR SIE IN ZEITUNGSTÖPFEN VOR.

Material

- Zeitungspapier
- schmales Marmeladenglas oder Holzstempel
- Anzuchterde
- Samen
- Wasserzerstäuber oder Gießkanne mit Brauseaufsatz

Los geht's

1. Zunächst rollen wir einen etwa 10 cm breiten und 30 cm langen Zeitungspapierstreifen mit etwas Überstand um den Holzstempel oder das Glas.

2. Den Randüberstand der Papierrolle falten wir nun zur Mitte hin, sodass ein Boden entsteht. Anschließend wird der Stempel mit dem Zeitungspapier kräftig in die Presse gedrückt.

3. Die Papiertöpfchen befüllen wir mit Anzuchterde, legen die Samen hinein und bedecken sie fein mit Erde.
   Die Samen werden am besten in spezieller Anzuchterde ausgesät, denn sie ist eher nährstoffarm. Auf der Suche nach den fehlenden Nährstoffen wachsen die Wurzeln so schneller.

4. Mit einem Wasserzerstäuber oder einer Gießkanne mit Brauseaufsatz gießen wir die Erde vorsichtig an, ohne dass die Saat aufspült. Die Erde sollte nach dem Aussäen nie austrocknen! Wenn die Samen mit einer durchlöcherten Plastiktüte oder Haube abgedeckt werden, keimen sie schneller. Sobald sich das erste Grün zeigt, können wir die Haube wieder entfernen.

AUS EINER KLEINEN GLASFLASCHE MIT BREITEM METALLDECKEL KANN MAN EINE PFLANZENDUSCHE LEICHT SELBST BASTELN. DAZU EINFACH MIT HAMMER UND NAGEL EIN PAAR KLEINE LÖCHER IN DEN DECKEL HÄMMERN.

INTERESSANT | LICHT ODER DUNKELHEIT? Samen beginnen unter verschiedenen Bedingungen zu keimen. Gärtner unterscheiden sogenannte Licht- und Dunkelkeimer. Die erste Gruppe benötigt zum Keimen Licht und wird bei der Aussaat nur leicht angedrückt. Andere Samen keimen besser bei Dunkelheit. Diese Samen sollten etwa in doppelter Höhe ihres Durchmessers mit Erde bedeckt sein.

[1.]

[2.]

[3.]

[4.]

[1.]

[2.]

[3.]

FORSCHEN UND ENTDECKEN

SONNENBLUMEN
Wer hat die größte Blume im ganzen Land?

OB AUS EINEM SONNENBLUMENSAMEN EIN WAHRER GIGANT ODER EIN KLEINER ZWERG WIRD, IST NICHT NUR ABHÄNGIG VON DER SORTE, SONDERN AUCH VON UNSERER PFLEGE. EIN KLEINES „RENNEN" UNTER SONNENBLUMEN WIRD ES ZEIGEN.

Material

- Sonnenblumensamen
- Pflanztöpfe mit mindestens 30 cm Durchmesser und 20 cm Höhe
- Tonscherben oder Kiesel
- Anzuchterde
- Gießkanne mit Brauseaufsatz
- Zollstock

Los geht's

1. Die Kinder stecken je drei Sonnenblumenkerne der gleichen Sorte fingerbreit in die Erde, drücken alles gut fest und gießen mit dem Brauseaufsatz vorsichtig an. Bis die Samen ihr erstes Grün zeigen, sollte die Erde immer feucht sein und der Topf an einem sonnigen Platz stehen.
2. Nach wenigen Wochen sind einige hohe Blütenstiele aus den Samen gewachsen.
3. Wer hat nach ein paar Monaten die größte Sonnenblume im ganzen Land? Mit einem Zollstock kann man leicht nachmessen.

Spielregeln für das Rennen

Entweder treten verschiedene Gärtner gegeneinander an oder man testet, wie sich verschiedene Ausgangsbedingungen auf Entwicklung und Wachstum des Samens auswirken. So können z. B. Samen in der Sonne und im Schatten ausgesät oder mit viel oder wenig Wasser und Nährstoffen versorgt werden.

> SONNENBLUMEN DREHEN SICH MIT IHREN BLÜTENKÖPFEN IM TAGESVERLAUF IMMER IN RICHTUNG SONNE. BESONDERS BEEINDRUCKEND WIRKT ES, WENN WIR MEHRERE DER RIESEN IN EINEM KLEINEN BEET ANPFLANZEN.

INTERESSANT | SCHÖN, DICH ZU SÄEN   Je nach Sorte können Sonnenblumen bis zu 3 m hoch werden. Meistens blühen sie gelb, es gibt zudem orange, rote und zweifarbige Sorten. Ab April können sie auch direkt ins Beet gesät werden. Um gut zu gedeihen, benötigen sie besonders viel Wasser, Nährstoffe und natürlich Sonne.

[1.]

[2.]

DIE SELBST GESAMMELTEN SAMEN KÖNNEN IM NÄCHSTEN FRÜHJAHR IN PFLANZTÖPFCHEN, WIE AUF SEITE 12/13 BESCHRIEBEN, AUSGESÄT WERDEN.

[3.]

SAMENSAMMLER
Vielfalt für den Garten

SAMEN SELBST ZU SAMMELN BRINGT NICHT NUR SPASS, SONDERN IST AUCH SEHR SINNVOLL. SO KOMMEN WIR NICHT NUR VOLLKOMMEN KOSTENLOS AN SAATGUT, SONDERN LEISTEN AUCH EINEN BEITRAG ZUR ARTENVIELFALT.

Material

- Schere oder Messerchen
- Schlüsselchen
- Briefumschläge oder buntes Papier und Klebestift zum Selberbasteln
- Malstifte

Los geht's

1. **Samen finden:** Samen entstehen nach der Befruchtung einer Blüte. Deshalb bilden sie sich auch genau dort, wo einmal die Pflanzenblüte saß. So wird z. B. aus einer Apfelblüte ein Apfel, in dem seine Kerne bzw. Samen versteckt sind. Zur Samensuche halten wir im Sommer und Herbst nach verblühten Blumen, reifem Obst, Beeren oder Gemüse Ausschau. Die Samen sehen zum Teil sehr unterschiedlich aus.

2. **Samen ernten:** Bei sonnigem Wetter wird geerntet. Trockenheit ist wichtig, damit das Saatgut später nicht fault. Nicht alle Samen sind zur Aussaat geeignet. Um gesunde Pflanzen heranzuziehen, werden nur die reifen Samen kräftiger gesunder Pflanzen geerntet. Man erkennt sie z. B. daran, dass sie braun und trocken sind oder einfach von der Pflanze fallen. Sie werden mit einem scharfen Messer oder einer Schere abgeschnitten und in die Schüsselchen gefüllt.

3. **Samentütchen:** Zum Trocknen legt man die Samen einige Tage auf Papier und füllt sie anschließend in die vorbereiteten Umschläge. Dazu werden aus buntem Papier kleine Briefumschläge gebastelt, bemalt und mit den Pflanzennamen beschriftet.

INTERESSANT | ARTENVIELFALT FÖRDERN Samen werden heute überwiegend in speziellen Gärtnereien, sogenannten Sämereien, gewonnen. Diese vermehren möglichst einheitliche Sorten mit guten Eigenschaften. In der Natur hingegen entsteht per Zufall eine sehr große Artenvielfalt. Indem wir Samen sammeln und anbauen, helfen wir, die Pflanzen mit vielfältigen Eigenschaften zu verbreiten und zu bewahren.

FORSCHEN UND ENTDECKEN

PFLANZENSAMMLER
Ein Herbarium anlegen

WER SEINE PFLANZEN NICHT NUR EINEN SOMMER BEWUNDERN MÖCHTE, FÜR DEN IST EIN HERBARIUM GENAU DAS RICHTIGE. ES IST EINE SAMMLUNG GETROCKNETER UND GEPRESSTER PFLANZEN.

Material

- verschiedene Pappen oder Papierblätter
- Pflanzenpresse, ersatzweise 2 schwere Bücher
- Notizblock mit Bleistift
- kleiner Spaten
- Schere

INTERESSANT | VOR- UND NACHNAMEN FÜR PFLANZEN Geprägt wurde der Name Herbarium durch Carl von Linné (1707 bis 1778). Er arbeitete u. a. daran, Pflanzen zu beschreiben und in Gruppen zu ordnen. Dazu führte er eine Zweiteilung der Pflanzennamen ein. Der erste steht für die Gattung, der zweite beschreibt die Pflanze näher. *Helianthus annuus* z. B. ist griechisch und heißt übersetzt „Sonnenblume jährlich". Seine Benennung der Pflanzen mit botanischen Namen hat bis heute internationale Gültigkeit und ermöglicht eine genaue Bezeichnung.

Los geht's

1. Wir starten mit der Suche nach gesunden und schönen Pflanzen. Wer sie später genauer untersuchen möchte, gräbt die Wurzeln mit aus. Fundort und, falls bekannt, Pflanzennamen notieren. Damit die Pflanzen sich gut pressen lassen, sollten sie nicht zu dick und zu groß sein. Wichtig ist auch, dass die Pflanze sofort, also bevor sie welkt, gepresst wird.
Die schönsten Blätter und Blüten werden vorsichtig auf eine Pappe oder ein Stück Papier gelegt und ausgebreitet. Zu bedenken ist dabei, dass sie in getrockneter Position nicht mehr verändert werden können!

2. Dann werden die einzelnen Pflanzen mit einem zweiten Papier und einer zweiten Pappe vorsichtig abgedeckt. Es können mehrere Pappen übereinandergestapelt werden.

3. Bevor die Pflanzenpresse geschlossen wird, werden die Pappen vorsichtig festgedrückt.

Pflanzenpressen selbst gemacht

Die einfachste Art der Presse besteht aus zwei schweren Büchern, zwischen die man die Pflanzen legt. Damit nichts festklebt, müssen die Papiere regelmäßig bewegt werden. Eine etwas komfortablere Pflanzenpresse baut man aus zwei möglichst ebenen Brettabschnitten. Als Einlage wird Pappe zugeschnitten. Zum Pressen eignen sich entweder Schraubzwingen, die von außen festgeschraubt werden, oder einige Schrauben mit passender Mutter. Für Letztere müssen je vier Löcher in die Ecken der Bretter gebohrt werden.

[1.]

[2.]

[3.]

FORSCHEN UND ENTDECKEN

SPIEL MIT PFLANZEN
Ein Blatt für jeden Baum

WER LUST HAT, SEIN GEDÄCHTNIS ZU TRAINIEREN UND NEBENBEI EINIGE BAUMARTEN KENNENZULERNEN, FÜR DEN IST DIESE ANLEITUNG DAS RICHTIGE. DAS SPIEL IM SOMMER ZU BASTELN, IST DABEI DER HALBE SPASS.

Material

- Pflanzenpresse oder Buch (siehe Vorseite)
- gleich große Pappen in ausreichender Größe für die Baumblätter
- Kleber
- Fotokamera
- Notizbuch und Stifte
- Bestimmungsbuch Bäume

Los geht's

1. Bäume aufspüren: Zuerst machen die Baumdetektive einen Streifzug ins Grüne. Ziel ist es, möglichst viele verschiedene Baumarten zu finden. Wer eine neue Art entdeckt, darf ein Foto machen und ein möglichst schönes Blatt pflücken. Dies wird zwischen zwei Papierblätter in die Presse oder das Buch gelegt. Weiß eine der Baumspürnasen bereits den Baumnamen? Super, dann kann er direkt notiert werden! Je mehr Bäume und Blätter gefunden werden, desto größer wird später das Spiel. Am Ende darf das jeweils schönste Baumfoto ausgesucht und ein Abzug davon gemacht werden.

2. Spielkarten basteln: Sobald die gepressten Blätter trocken sind, kann gebastelt werden. Dazu je ein Foto von einem Baum und dem dazugehörigen Blatt auf die Pappen kleben. Mithilfe eines Baumbestimmungsbuches können die Namen der noch unbekannten Bäume herausgefunden und auf den Kartenpaaren vermerkt werden. So lassen sich später die Paare sicher identifizieren.

3. Spielanleitung: Die Karten verdecken, mischen und in übereinanderliegenden Reihen auslegen. Der jüngste Spieler deckt als Erster zwei beliebige Karten auf. Dann geht es im Uhrzeigersinn weiter. Wer ein Baumpaar findet, darf die Karten behalten und nochmals aufdecken. Gewonnen hat am Ende derjenige mit den meisten Baumpaaren.

> DAMIT DIE KARTEN SPÄTER VERDECKT NICHT ZU UNTERSCHEIDEN SIND, MÜSSEN SIE UNBEDINGT EXAKT GLEICH GROSS SEIN UND GENAU GLEICH AUSSEHEN. WER MÖCHTE, KANN SIE DESHALB Z. B. IN EINER DRUCKEREI ZUSCHNEIDEN LASSEN.

[1.]

VIELE SMARTPHONES HABEN EINE KOMPASSFUNKTION

[2.]

[3.]

FORSCHEN UND ENTDECKEN

SONNENUHR
Naturzeit für Gartenkinder

SONNENUHREN ZÄHLEN ZU DEN ÄLTESTEN BEKANNTEN ZEITMESSERN. AN EINEM SONNIGEN GARTENPLATZ KÖNNEN WIR SIE MIT WENIGEN MITTELN UND ETWAS GESCHICK NACHBAUEN – UND SO AUF GANZ NATÜRLICHE WEISE DIE ZEIT ABLESEN.

Material

- Spielsand oder Lehm
- sehr gerader Stock, z. B. aus Bambus
- Stück Schnur
- 12 große Muscheln, z. B. längliche Schwertmuscheln
- großer Blumentopf
- Uhr mit korrekter Zeitangabe
- Kompass oder Smartphone

Los geht's

1. Der Blumentopf wird mit Sand befüllt und an einen vollsonnigen Platz gestellt. Genau in die Mitte des Topfes stecken wir dann einen hohen Stab als Schattenwerfer.
Tipp zum Ermitteln des Mittelpunktes: Wer kein Lineal zur Hand hat, kann sich mit einem Stück Schnur behelfen. Zuerst wird damit die Mittelachse des Gefäßes bestimmt, indem man sie von einem Rand zum gegenüberliegenden Punkt am anderen Topfrand zieht. Dort, wo die Schnur am längsten ist, befindet sich die Mittelachse. Halbiert man die Schnur auf dieser Linie, indem man die Schnurenden zusammenführt, findet man den Mittelpunkt.

2. Nun wird die Sonnenuhr mithilfe des Kompasses ausgerichtet. Dazu malen wir auf den Topfrand ein S für Süden und auf den genau gegenüberliegenden Punkt ein N für Norden. Dann drehen wir den Topf so lange, bis die Angabe der Himmelsrichtung der Kompassnadel mit der Nord-Süd-Achse des Topfes übereinstimmt.

3. Jetzt brauchen wir noch die Ziffern, von denen wir die Stunden ablesen können. Dazu zeichnen wir zu jeder vollen Stunde einen Strich am Rand des Gefäßes ein, und zwar genau da, wo der Schatten des Stabes hinfällt. Später werden die von 1 bis 12 nummerierten Muscheln auf den Strichen verteilt. Und, funktioniert die Uhr?

INTERESSANT | DIE SONNE ALS ZEITMESSER   Sonnenuhren gehören zu den ersten Zeitmessern der Menschheit. Sie zeigen uns die Zeit mithilfe des Sonnenlichts an. Dabei wirft ein Stab o. Ä. einen Schatten auf ein Ziffernblatt, von dem nun die Zeit abgelesen werden kann. Der Stand der Sonne am Himmel ändert sich mit der Tages- und Jahreszeit. Daher wandert im Tageslauf auch der Schatten auf dem Ziffernblatt.

FORSCHEN UND ENTDECKEN

FEUERMACHEN
Wenn es dunkel wird

FEUERMACHEN IST EINE KUNST, DIE VIELE MENSCHEN NICHT MEHR BEHERRSCHEN. EIN LAGERFEUER SELBER ZU ENTFACHEN, IST JEDOCH MIT DER RICHTIGEN TECHNIK NICHT SCHWER.

Material

- einige möglichst trockene Holzscheite
- trockene, dünne Zweige
- etwas Zunder, d. h. leicht brennbares Material wie Zapfen, Birkenrinde oder trockenes Gras
- Feuerzeug oder Streichhölzer
- ggf. Feuerschale
- gefüllte Gießkanne, Eimer Wasser oder Sand

Los geht's

1. Alles, was wir für ein Lagerfeuer brauchen, sind ein paar Scheite von möglichst trockenem Hartholz – Buche und Eiche sind besonders geeignet –, etwas Zunder und eine geeignete Feuerstelle. Diese steht in sicherer Entfernung zu Bäumen sowie leicht brennbaren Materialien und hat einen Untergrund aus Erde, Sand, Stein oder Metall (wird das Feuer auf dem Boden gemacht, legen wir zuerst einen Kreis aus größeren Steinen). Vor allem wegen der Gefahr des Funkenfluges ist es nicht überall erlaubt, Feuer zu machen. Kleinere Feuer, z. B. in Feuerkörben oder Schalen, sind aber meist kein Problem. Zum Löschen sollten neben der Feuerstelle beispielsweise gefüllte Gießkannen oder Sandeimer stehen. Auch eine nasse alte Decke kann hilfreich sein.
Als Erstes wird der Zunder luftig in der Mitte aufgestapelt.

2. Um ihn herum werden die dünnen, kleinen Zweige gelegt. Der Aufbau des Brennmaterials ist immer locker pyramidenförmig.

3. Nun folgen die dickeren Scheite. Dabei lassen wir eine Lücke, damit wir den Zunder leicht entzünden können. Mit einem Streichholz oder einem Feuerzeug wird er entfacht und mit einem Stock tiefer in die Mitte der Holzpyramide geschoben.

INTERESSANT | OHNE SAUERSTOFF KEIN FEUER   Das Feuer brennt leichter, wenn man ihm etwas Luft zufächelt, denn Feuer braucht unbedingt Sauerstoff. Dies müssen wir auch bedenken, wenn wir das Feuer aufbauen. Liegt das Holz zu dicht, kann sich das Feuer nicht richtig entzünden. Sehr viel Rauch und Qualm sind ein Anzeichen dafür, dass die Flammen zu wenig Luft bekommen.

[1.]

[2.]

[3.]

IM KINDER-GARTEN ist jede Menge los

IN GANZ UNTERSCHIEDLICHEN BEETFORMEN BAUEN DIE NACHWUCHSGÄRTNER JETZT PFLANZEN AN, DIE SIE SPÄTER MIT ALLEN SINNEN ERFORSCHEN KÖNNEN. SPANNENDE ERFAHRUNGEN FÜR GROSS UND KLEIN.

GEMÜSESCHNECKE
Malen mit essbaren Pflanzen

EIN BESONDERER SPASS IST DAS AUSSÄEN VON ESSBAREN PFLANZEN. DIESES VERGNÜGEN KANN SOGAR NOCH GESTEIGERT WERDEN, WENN EINFACHE BILDER VON HÄUSERN, MENSCHEN ODER TIEREN IM BEET HERANWACHSEN.

Material

- schnell keimende Gemüsesamen wie Kresse, Radies und Salat
- bleistiftlange Stöckchen
- Schnur
- Gießkanne

Los geht's

1. Mit Gemüsesamen lassen sich einfache Bilder und Muster ins Beet malen. Wir säen eine kleine Gemüseschnecke ins Beet aus. Dazu verwenden wir nur Samen, die innerhalb von zwei bis drei Tagen keimen. Kresse, Radies und Salat strapazieren die Geduld der Nachwuchsgärtner nicht über. Der hoch aufschießende Salat eignet sich besonders fürs Gehäuse, Radies für Kopf und Fühler und die kleine, schnell keimende Kresse zum Vorzeichnen des Körpers der Schnecke. Mit einem Stöckchen oder Finger malen wir die Form einer Schnecke in die Erde. Wer schafft es, die Schnecke mit einem einzigen Strich zu malen?
Die Nachwuchsgärtner möchten andere Motive malen? Wie wäre es beispielsweise mit einer Sonne, einem Mond, einem Haus oder einem Strichmännchen? Selbst ein einfaches Auto ist schon durch unser Beet gefahren. Wichtig ist nur, auf einfache Umrisslinien zu achten.

2. Nun stecken wir etwa bleistiftlange Hölzchen in die Schneckenspur. Anschließend knoten wir eine Schnur in der Gehäusemitte fest und führen sie an den Stöckchen entlang.

3. In die Saatrille säen wir Kresse, Salat und Radies aus und bedecken alles mit etwas Erde.

4. Vorsichtig gießen wir die Schnecke an. Bis zum Keimen darf sie nun nicht durstig werden und sollte auch danach immer ausreichend mit Wasser versorgt werden.

INTERESSANT | AUF DIE RICHTIGE TEMPERATUR KOMMT ES AN Die vorgestellten Gemüse können den ganzen Sommer über ausgesät werden. Allerdings sollte es dazu nicht zu warm sein, denn bei Temperaturen weit über 20° C keimen einige Gemüsearten nicht mehr.

[1.]

[2.]

[3.]

[4.]

[1.]

[2.]

[3.]

VON MAI BIS JUNI IST UNSERE PRINZESSIN MIT HÜBSCHEN SCHMETTERLINGSBLÜTEN ÜBERSÄT.

RANKGITTER BAUEN
Eine Prinzessin für die Erbse

EINIGE GEMÜSESORTEN BRAUCHEN EINE RANKHILFE, AN DER SIE EMPORWACHSEN KÖNNEN. DAZU GEHÖREN ERBSEN, BOHNEN UND GURKEN. SIE EROBERN SEHR SCHNELL DIE KLEINE RANKFIGUR, DIE WIR HIER BAUEN.

Material

- Form zum Beschneiden von Buchs oder etwas Maschendraht
- Draht
- Sisalschnur
- Bambusstöcke und Weiden
- Gartenschere
- Hülsenfrüchte wie Erbsen oder Zuckerschoten
- Gießkanne

Los geht's

1. Der Kopf wird aus einem Kranz aus biegsamen Zweigen geformt. Dazu drückt man die Weide kräftig mit beiden Daumen. Begonnen wird am dicken Ende, dann wickelt man den Zweig immer um sich selbst.

2. Eine kegelige Form aus Maschendraht bildet den Körper der Figur. Der Kopf wird mit zwei Stöcken an der Kegelform befestigt. Weitere Stöcke bilden die Arme, etwas Sisalschnur die Haare. Fertig ist die kleine Gartenfreundin fürs Gemüsebeet.

3. Das Rankgitter ist nun bereit zum „Begrünen". Dazu wird es an einem sonnigen Platz im Beet aufgestellt.
Hülsenfrüchte wie Erbsen oder Zuckerschoten sollten vor dem Säen über Nacht in einem Wasserschälchen eingeweicht werden, so keimen sie in der Erde schneller. In einem Abstand von etwa 3 bis 4 cm werden jeweils zwei bis drei Erbsen daumentief eingepflanzt und anschließend gründlich gewässert. Bis sie keimen, sollte das Saatgut nicht austrocknen. Und auch danach sind die Erbsen noch sehr durstig. Wenn sich nach einiger Zeit kleine Pflänzchen daraus gebildet haben, können wir die schwächeren entfernen und lassen nur die kräftigste Jungpflanze stehen. Auf diese Weise zieht man besonders gut entwickelte Pflanzen heran. Die Pflänzchen suchen sich nun selbst den Weg in die Höhe. Wer sie unterstützen möchte, kann sie mit einer weichen Schnur vorsichtig lose am Gitter festbinden.

INTERESSANT | VERSCHIEDENE AUFSTIEGSWEGE Schlinger wie Feuer- und Stangenbohnen winden sich schraubenförmig um senkrechte Kletterhilfen empor. Sie brauchen aufrechte Stützen wie z. B. ein Haselrutentipi. Bei Rankern winden sich die Seitentriebe um die Kletterhilfe. Die Winderichtung ist genetisch festgelegt und meistens linksherum. Eine Besonderheit sind die sogenannten Blattstielranker, die sich mit Blattstielen wie kleine Korkenzieher um die Kletterhilfe winden. Zu ihnen zählen Kürbisgewächse, Zuckerschoten und Erbsen.

BEET FÜR DIE SINNE I
Wie lege ich ein kreisrundes Beet an?

MITHILFE UNSERER SINNE WIE SEHEN, HÖREN, RIECHEN, SCHMECKEN UND TASTEN NEHMEN WIR UNSERE UMWELT WAHR. HIER BAUEN WIR EIN ERLEBNISBEET FÜR AUGEN, OHREN, NASE, MUND UND HÄNDE.

Material

- langer, gerader Stock
- langes Seil
- 5 kurze Stöcke
- ggf. Metermaß
- etwas Spielsand
- Spaten bei Bedarf
- ggf. faustgroße Steine oder Ziegel als Beetumrandung

Los geht's

1. Wir knoten das Seil an den langen Stock und stecken diesen in die Mitte des Ortes, an dem das Beet angelegt werden soll. Das Seil verwenden wir wie einen Zirkel und zeichnen die Außenlinie des Beetes mit Spielsand vor. Dazu halten wir es an der Stelle fest, die ungefähr der Hälfte des gewünschten Beetmaßes entspricht (bei 1 m Beetdurchmesser also 50 cm). Mit gespanntem Seil umkreisen wir den Stock und lassen dabei den Spielsand auf den Boden rieseln. Diese kreisförmige Spur ist der Beetumfang.
2. Falls nötig, stechen wir nun den Rasen ab.
3. Eine Beeteinfassung ist dabei nicht nur praktisch, sondern sieht auch hübsch aus. Geeignet sind z. B. größere Steine oder Ziegel, bei eckigen Beeten auch Holzbretter.

TIPP | BEETGRÖSSE Kein Punkt im Beet sollte weiter als eine Armlänge vom Rand entfernt sein. Die passende Beetbreite richtet sich also immer nach der Größe des Gärtners. Bei größeren Flächen werden einfach zusätzliche Wege z. B. aus Ziegeln, Rindenmulch oder Holzplanken eingeplant.

[1.]

[2.]

[3.]

> EIN BEET FÜR ALLE SINNE – AUCH FÜR BARFÜSSE.

BEET FÜR DIE SINNE II
Wie bepflanze ich richtig?

HAT UNSER BEET DIE RICHTIGE FORM, FEHLEN NUR NOCH DIE PASSENDEN PFLANZEN. IN EINEM GUT VORBEREITETEN BEET KÖNNEN SIE PRIMA GEDEIHEN UND DANN GEHT'S LOS MIT TASTEN, SCHMECKEN, RIECHEN.

Material

- Komposterde
- Spaten
- langes ca. 1 cm starkes Seil aus Naturfaser
- Harke
- großer Eimer
- Gießkanne

INTERESSANT | GRUNDREZEPT FÜR ÜPPIGES WACHSTUM Setze die Pflanze an den für sie geeigneten Platz! Die beiden wichtigsten Fragen bei der Pflanzenwahl lauten daher: Was für einen Boden haben wir? Wie viel Sonne scheint auf das Beet? Die auf der rechten Seite genannten Pflanzvorschläge eignen sich für einen möglichst sonnigen Standort. Nährstoff- und Wasserbedarf dieser Pflanzen sind aber unterschiedlich.

Los geht's

1. Zunächst graben wir die Fläche mit einem Spaten um und befreien die Erde von Pflanzenresten, Steinen etc. So können sich die Beetneulinge später leicht ausbreiten. Anschließend wird die Fläche glatt gerecht. Danach breiten wir reife Komposterde auf dem Beet aus. Abschließend wird es nochmals glatt geharkt.

1a Das Beet wird nun in etwa fünf gleich große Tortenstücke eingeteilt. Jeder Sinn bekommt sein eigenes Feld. Wer exakt gleich große Teile haben möchte, muss dazu etwas rechnen oder aber einfach nach Augenmaß vorgehen. Dazu wird das Seil so auf die Erde gelegt, dass man etwa fünf gleich große Tortenstücke erhält.

2. Nun ordnen wir die Pflanzentöpfe probeweise auf dem Beet an. Dabei achten wir darauf, dass sonnenhungrige Pflanzen nicht von anderen verschattet werden und ausreichend Platz zum Wachsen haben. Danach werden die Töpfe in einen Wassereimer gestellt. Sobald keine Blasen mehr aufsteigen, hat sich der Wurzelballen mit Wasser vollgesogen.

3. Zum Einpflanzen graben wir jeweils ein Pflanzloch, das etwa doppelt so breit und tief, wie der Ballen ist. Den Ballen reißen wir vorsichtig etwas mit den Händen auf, so können sich die Wurzeln besser ausbreiten. Die Pflanze wird in das Pflanzloch gesetzt und dieses mit Erde aufgefüllt. Der Rand des Wurzelballens sollte auf der gleichen Höhe wie das Beet liegen.
Während und nach dem Pflanzen gießt man ausgiebig mit Wasser. Das ist auch in den Tagen danach noch wichtig.

[1.]

[3.]

[2.]

PFLANZVORSCHLÄGE

FELD AUGE: BUNTE SOMMERBLUMEN WIE SONNENBLUME, ISLANDMOHN, LÖWENMÄULCHEN, SCHMUCKKÖRBCHEN

FELD NASE: GERANIE, MINZ- UND SALBEIARTEN IN VERSCHIEDENEN DUFTRICHTUNGEN WIE APFEL, ZITRONE ODER SCHOKO

FELD OHREN: PFLANZEN, DEREN BLÄTTER IM WIND RAUSCHEN WIE ZITTERGRAS UND TAGLILIE

FELD HÄNDE: PFLANZEN MIT BESONDERER OBER-FLÄCHE WIE Z. B. SAMTIGEN (WOLLZIEST) ODER GLATTFLEISCHIGEN BLÄTTERN (SUKKULENTEN)

FELD MUND: GEMÜSEPFLANZEN UND/ODER BEEREN

[1.]

[2.]

[3.]

[4.]

KLEINE BLUMENWIESE
im Kasten

FÜR DIE ERSTEN GÄRTNERISCHEN SCHRITTE SIND KLEINE, VON DER ARBEIT ÜBERSCHAUBARE PFLANZPROJEKTE IDEAL. SIE WECKEN LUST AUF MEHR. WIR PFLANZEN HIER EINE WILDWIESE IN EINEN BALKONKASTEN.

Material

- Balkonkasten
- Steinchen oder Tonscherben
- Anzuchterde
- Spielsand
- Brettchen
- Sieb
- Wildblumensamen
- Gießkanne mit Brauseaufsatz

Los geht's

1. In einen Balkonkasten eine Lage Steine oder Tonscherben legen. Anzuchterde mit etwas Spielsand vermischen und den Kasten mit dem Gemisch auffüllen. Mit einem kleinen Brettchen die Erde festdrücken und die Wildblumensamen möglichst gleichmäßig auf der Erde verteilen.
2. Etwas Erde über die Samen sieben.
3. Den Kasten vorsichtig, aber gründlich angießen, ohne dass dabei die Samen aufschwimmen.
4. Damit die Pflanzen keimen, darf die Erde nie austrocknen. Nach ein paar Wochen blüht dann eine bunte Mini-Blumenwiese vor dem Fenster.

So schön blüht die kleine Wiese nach ein paar Wochen vor dem Fenster.

INTERESSANT | INSEKTENMAGNET WILDWIESE Für Tier- und Insektenliebhaber, die möglichst wenig Arbeit und mehr Zeit zum Beobachten haben möchten, ist eine Mininaturwiese die richtige Wahl. Sie lockt zahlreiche Insekten und Kleintiere an. Aber aufgepasst: Damit auf Dauer die Wildblumen und nicht die Gräser die Überhand behalten, benötigen die Samen einen nährstoffarmen Boden und einen sonnigen Platz. Ein schöner Kontrast zum Wildwuchs entsteht, wenn in einer klaren geometrischen Form, wie z. B. einem runden Kübel oder einem quadratischen Kastenbeet, ausgesät wird.

ZWIEBELBLUMEN
Bilder für Rasen und Beet

ZWIEBELN KANN MAN NICHT NUR ESSEN, VIELE ZIERARTEN BLÜHEN AUCH WUNDERSCHÖN. EINIGE VON IHNEN SIND ECHTE FRÜHLINGSBOTEN, ANDERE ZEIGEN IHRE BLÜTEN IM SOMMER ODER HERBST.

Material

- Spielsand
- lange Schnur
- langer Stock
- Zwiebeln von Traubenhyazinthen
- Zwiebelsetzer oder kleine Schaufel

Los geht's

1. Die meisten Zwiebelblumen werden von Spätsommer bis Herbst gepflanzt (Ausnahmen bilden u. a. die kälteempfindlichen Dahlien, Gladiolen, Blumenrohr und Montbretien, sie werden vor den ersten Frösten ausgebuddelt und im Frühjahr etwa ab Mai wieder eingesetzt). Hier pflanzen wir Traubenhyazinthen in Form eines Herzens.

1a Dazu wird der Umriss mit etwas hellem Spielsand auf dem Rasen vorgezeichnet. Die Größe der Zwiebeln bestimmt – ähnlich wie bei Samen –, wie tief sie in die Erde kommen: Das Pflanzloch sollte etwa doppelt so tief sein wie die Zwiebel selbst. Sehr hilfreich ist ein Zwiebelsetzer, eine Art zylinderförmige Ausstechform. Die Erde bleibt beim Pflanzen im Zylinder haften und wird nach dem Einsetzen der Zwiebel in das nächste Pflanzloch gefüllt. Wer keinen Zwiebelsetzer zur Hand hat, verwendet eine kleine Schaufel.

2. Nach dem Einsetzen der Zwiebelblumen wird der ausgestochene Rasen wieder über die Pflanzstelle gelegt.

3. Im Frühling, ab April, zeigt sich das blühende Pflanzenbild – an der Größe der Zwiebeln lässt sich im Vorfeld bereits die ungefähre Größe der Blüte ablesen.

> WER AN EINER AUSGEBUDDELTEN ZWIEBEL KLEINE BABYZWIEBELN ENTDECKT, KANN SIE VON DER MUTTERPFLANZE TRENNEN UND IN DER NÄCHSTEN SAISON MIT EINPFLANZEN.

INTERESSANT | NATÜRLICH ODER GESTALTET? Zwiebeln können auf unterschiedliche Weise im Garten angepflanzt werden. Eine besonders natürliche Wirkung wird erzielt, wenn wir eine Handvoll Zwiebeln nehmen, sie auf den Rasen werfen und dort einsetzen. Hübsch sieht es auch aus, wenn wir die Zwiebeln in einer kleinen Gruppe zu sogenannten Tuffs von etwa drei Zwiebeln zusammensetzen.

[1.]

[2.]

[3.]

[4.]

KNOLLEN ANBAUEN
Kartoffeln aus dem Sack

VIELE ALTE SORTEN ÜBERZEUGEN MIT GUTEM GESCHMACK, UNGEWÖHNLICHEN FORMEN UND FARBEN. DIESE VIELFALT BEKOMMT MAN MEIST NUR AUF DEN TISCH, WENN MAN SIE SELBST ANBAUT. WIR KULTIVIEREN SIE PLATZSPAREND IM SACK.

Material

- Bio-Speisekartoffeln oder Bio-Saatkartoffeln
- wasserdurchlässiger Reissack, z. B. aus dem Asia-Restaurant
- nährstoffreiche Erde, z. B. reifer Kompost
- Gartenerde
- etwas Hornspäne und feine Holzasche

Los geht's

1. Ab Ende März lassen wir die Knollen an einem hellen, trockenen, aber kühlen Ort vorkeimen. Gegen Ende April, wenn es warm genug ist, können sie dann ausgepflanzt werden.
   Dazu füllen wir vorher den Sack etwa zur Hälfte mit nährstoffreicher Erde auf und stellen ihn an einen sonnigen Ort. Für einen guten Wasserablauf stechen wir zusätzlich in paar Löcher in den Sack.

2. In etwa 5 cm Tiefe legen wir nun drei bis fünf Knollen mit den Keimen nach oben in den Sack und geben etwas Holzasche und Hornspäne dazu. So sind die Kartoffeln gut mit Stickstoff versorgt. Nach dem Anpflanzen und bei Trockenheit gut gießen!

3. Sobald sich das erste Grün zeigt, häufeln wir die Triebe mit neuer Erde an und wiederholen dies einige Male. Schließlich schütten wir den Sack bis zum oberen Rand auf.

4. Nach einigen Wochen beginnen die Pflänzchen zu welken. Dann heißt es: Kartoffeln aus dem Sack!

INTERESSANT | KNOLLEN FÜR DIE ERDE   Als Pflanzkartoffeln eignen sich vor allem Speisesorten in Bioqualität, denn die Schalen von konventioneller Ware werden für eine bessere Haltbarkeit meist mit keim- und schimmelhemmenden Mitteln behandelt. Für den Selbstanbau, ebenfalls in Bioqualität, sind zudem sogenannte Saatkartoffeln erhältlich.

[1.]

[1b.]

[2.]

[3.]

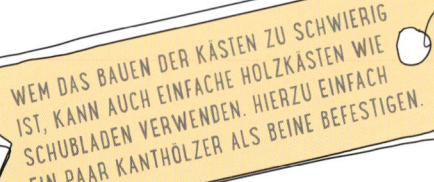

WEM DAS BAUEN DER KÄSTEN ZU SCHWIERIG IST, KANN AUCH EINFACHE HOLZKÄSTEN WIE SCHUBLADEN VERWENDEN. HIERZU EINFACH EIN PAAR KANTHÖLZER ALS BEINE BEFESTIGEN.

EIN HOCHHAUS
mit Erdbeeren bauen

EIN SCHÖNES PROJEKT, NICHT NUR BEI PLATZMANGEL, IST DER BAU EINES ERDBEER-HOCHHAUSES. ES BESTEHT AUS DREI GLEICH GROSSEN HOLZKÄSTEN, DIE ÜBEREINANDERGESTELLT WERDEN. BEI BEDARF ZIEHT ES EINFACH UM.

Material für rechteckige Kästen

(A) Front: 6 Bretter, ca. 400 × 140 × 21 mm

(B) Seite: 6 Bretter, ca. 200 × 140 × 21 mm

(C) Boden: 3 Bretter, ca. 355 × 140 × 21 mm

(D) Beine: 8 Leisten, ca. 420 × 30 × 30 mm

(E) Beine unten: 4 Leisten, ca. 350 × 30 × 30 mm

(F) Auflager: 6 Leisten, ca. 140 × 30 × 30 mm

Bauvlies: 3 Stücke, ca. 600 × 400 mm

Werkzeug

Akku-Bohrschrauber

Holzbohrspitze, ca. 3 mm

Holzschrauben, ca. 20 mm

Schraubzwingen

Pflanzen

Wald-Erdbeeren und Garten-Erdbeeren

Los geht's

1. Das Haus besteht aus drei gleich großen Holzkästen, die übereinandergestellt werden. Am besten unbehandeltes Lärchenholz verwenden. Da es relativ witterungsbeständig ist, kann auf gesundheitsbedenkliche Schutzanstriche verzichtet werden!

   1a An einem Seitenbrett (B) zwei Beine (D) an der Außenkante mit Schraubzwingen befestigen, sodass sie genau mit dem Rand abschließen. Handwerker nennen das bündig. Damit sich die Kästen später leicht ineinanderstecken lassen, sind die Beine jeweils 5 cm vom oberen Rand nach unten gerückt. Darauf achten, dass alle Beine in der gleichen Höhe angebracht sind, sonst „kippeln" die gestapelten Kästen später.

   1b Mit dem Holzbohrer Löcher vorbohren und die Beine (D) mit zwei Schrauben an den Seitenbrettern (B) befestigen. Auf gleiche Weise alle Beine (D) sowie die etwas kürzeren Leisten (E) für den untersten Kasten an die übrigen Seitenbretter schrauben.

   1c Jetzt die Auflager (F) bündig mit der Unterkante des Seitenbretts (B) zwischen die Beine (D) schrauben. Auch hier erleichtern Schraubzwinge und Holzbohrer die Arbeit.

   1d Die Front (A) an die Seitenbretter (B) schrauben.

   1e Abschließend die Bodenbretter (C) in den Kasten auf die Auflager (F) legen und verschrauben.

2. In die fertigen Kästen jeweils ein leicht überlappend großes Stück Bauvlies legen. Das Ganze mit Erde auffüllen, bepflanzen und gut angießen. Zum Bepflanzen der beiden unteren Kästen eignen sich am besten Wald-Erdbeeren, da sie sich an schattigeren Plätzen besonders wohl fühlen.

3. Auch stark rankende Erdbeersorten machen sich gut in dem Haus.

[4.]

[5.]

[6.]

[7.]

OBSTBAUM PFLANZEN
Zum Geburtstag viel Glück

WIR PFLANZEN ZUM GEBURTSTAG EINEN BESONDEREN BAUM. SO KÖNNEN KLEINE UND GROSSE GÄRTNER JEDES JAHR VERGLEICHEN, WER SCHNELLER GEWACHSEN IST: BAUM ODER KIND?

Material

- Obstbaum
- reife Komposterde
- Hornspäne
- Holzlatte
- Wassereimer
- Gartenschere
- ggf. Stützpfosten
- Sisalseil
- Schaufel

Los geht's

1. Wurzelnackte Bäume werden im zeitigen Frühjahr oder im Herbst gesetzt. Bäume mit einem Erdballen können in frostfreien Zeiten das ganze Jahr gepflanzt werden. Dazu stellen wir den Baum an unseren Wunschplatz und gehen einmal um ihn herum. Hat er auch in ein paar Jahren überall noch genügend Platz?
2. Vor dem Einpflanzen stellen wir den Baum in einen gefüllten Wassereimer. Wurzelnackte Pflanzen sollten mindestens drei Stunden ziehen.
3. Die Wässerungszeit wird genutzt, um das Pflanzloch zu graben. Es sollte etwa doppelt so groß sein wie das Wurzelwerk bzw. der Ballen.
4. Die Erde aus dem Loch wird mit reifem Kompost und Hornspänen vermischt. Bei wurzelnackten Bäumen schneiden wir die Wurzeln mit einer scharfen Gartenschere etwas zurück.
5. Dann können wir den Baum in das Pflanzloch stellen. Die Veredlungsstelle (Verdickung am unteren Stamm) muss später über der Erde liegen. Bei Bedarf können wir einen Stützpfosten einlassen. Während einer das Bäumchen gerade hält, befüllt der andere das Pflanzloch zur Hälfte mit dem Kompost-Erd-Gemisch. Zwischendurch wird der Baum leicht geschüttelt, sodass die Erde zwischen die Wurzeln fällt.
6. Nun drücken wir die Erde gut fest und kontrollieren, ob der Baum noch gerade steht. Danach können wir den Stamm mit einer Achterschlinge anbinden, sodass er sich bei starkem Wind nicht bewegen kann.
7. Zum Abschluss füllen wir das Loch auf, bis es auf Bodenniveau abschließt, und gießen gründlich an. Daran sollten wir auch in den nächsten Wochen denken.

INTERESSANT | WUCHSFORMEN
An der Bezeichnung Buschbaum, Halb- oder Hochstamm kann man ablesen, welche Stammhöhe der Baum etwa entwickelt (zwischen 50 cm und 2 m) und in welcher Höhe das Kronenwachstum beginnt. Je niedriger der Stamm bleibt, desto erntefreundlicher ist der Baum. Die Kronenform wird hingegen zum großen Teil durch den Schnitt bestimmt.

EIN HERZ FÜR TIERE

Kleine Behausungen bauen

WER VÖGEL, FLEDERMÄUSE UND INSEKTEN IN SEINEN GARTEN EINLADEN MÖCHTE, FINDET HIER PRAKTISCHE ANLEITUNGEN, DEN KLEINEN TIERCHEN EIN ZUHAUSE ZU BIETEN.

[1.]

[2.]

[3.]

TIPP | KLEIN, ABER FEIN! Man unterschätzt schnell, wie viel Material schon in einen kleinen Rahmen passt. Daher fängt man am besten erst mal mit dem Bau eines kleinen Hotels an. Wer viel Material angesammelt hat, kann sich beispielsweise an das Füllen eines alten Holzregals machen. Dabei aber unbedingt unbehandeltes Holz verwenden, damit die Insekten nicht zu Schaden kommen!

[4.]

INSEKTENHOTEL
Ein Heim für Vielflieger

INSEKTEN WIE BIENEN UND HUMMELN SIND WICHTIG, WEIL SIE AUF DER SUCHE NACH NEKTAR VIELE PFLANZEN BESTÄUBEN UND FÜR DEREN VERMEHRUNG SORGEN. GUT ALSO, DIESE FLEISSIGEN ARBEITER IM EIGENEN GARTEN ZU BEHERBERGEN.

Material

- einfacher Rahmen aus Lärchenbrettern, alternativ alte Schublade oder Vogelhäuschen aus unbehandeltem Holz
- Gehrungssäge für dreieckige Rahmen
- Dachpappe als Dachabdeckung
- hohle Pflanzenstängel, z. B. von Holunder, Schilf, Binsen, Königskerzen in etwa 10 cm Länge
- Lehm
- 12 bis 15 cm dicke Klötze aus Hartholz wie Eiche, Buche, Esche, Ahorn, Apfel und Robinie
- Bohrmaschine mit Bohraufsätzen für Holz
- Gartenschere
- Draht oder Schnur
- langer Besenstiel o. Ä.
- Stricknadel

Los geht's

Der dreieckige Rahmen

1. Zwei Dachbretter auf Gehrung schneiden: Dazu eine Gehrungssäge verwenden, bei der das Brett in eine Führung mit verstellbarem Winkelgrad eingelegt wird. Die Bretter im gewünschten Winkel zusägen.

2. In die Mitte des Bodenbrettes mit dem Holzbohraufsatz eine besenstielgroße, kreisrunde Öffnung fräsen. Das fertige Häuschen wird später auf dem Holzstiel in ein sonniges Beet gesteckt.

3. Die Rahmenbretter miteinander verschrauben (genagelte Verbindungen springen bei Regen schneller auf, da das Holz aufquillt).

Die Füllung

1. Hierfür Pflanzenstängel und Holz sammeln. Dabei nur Naturstoffe verwenden, die nicht mit Chemikalien wie Pflanzenschutzmitteln behandelt wurden. Hohle Pflanzenstängel sind ein gutes Füllmaterial. Sie werden etwa auf 10 cm Länge gekürzt und mit Draht oder Schnur gebündelt. Mit einer Stricknadel prüfen, ob die Hohlräume groß genug sind.

2. Große und dicke Teile als Erstes in den Rahmen einsetzen. Die Hartholzscheiben dafür vorher in etwa 2 cm Abstand mit tiefen, aber nicht durchstoßenden Bohrlöchern im Durchmesser von 2 bis 10 mm versehen.

3. Zwischenräume z. B. mit Stöckchen auffüllen. Ecken und Rückseite des Hotels mit Lehm verkleben.

4. Der beste Standort für die wärmeliebenden Besucher ist sonnig und geschützt.

[4.]

[5.]

[6.]

[7.]

NISTHILFE FÜR VÖGEL
Bauen für Kleinfamilien

WER MÖCHTE EINER VOGELFAMILIE EINE HEIMAT BIETEN? VIELLEICHT LASSEN SICH DIE ZUKÜNFTIGEN ELTERN MIT EINER NISTHILFE IN DEN GARTEN LOCKEN. DIE BESTE ZEIT ZUM BAUEN UND ANBRINGEN DES KASTENS IST DER HERBST.

Material

Holzbretter aus witterungsbeständigem Holz wie Lärche oder Buche. Maße in cm: Boden 13 × 13, Dach 20 × 23, Seiten 24/28 × 15 (15°), Rückwand 17 × 28 (Oberseite abgeschrägt 15°)

Leiste 5 × 60 cm

Dach, z. B. aus Schiefer oder etwas Dachpappe

Schrauben, Nägel, Raspel, Hammer

eventuell Stichsäge, Akkuschrauber mit Holzaufsatz

rostfreie Alunägel und Leiter

Größe der Einflugslöcher

Je nach Art des Kastens und Größe des Einflugloches werden sich unterschiedliche Vogelarten einnisten. Wir bauen hier einen Nistkasten für Höhlenbrüter. Sie brüten gern in weitestgehend geschlossenen Nistplätzen. Beispielgrößen der Einfluglöcher: Blau-, Tannen-, Hauben-, Sumpf-, Weidenmeise 26 bis 28 mm, Kohlmeise und Kleiber 32 mm, Trauerschnäpper, Haussperling und Feldsperling 35 mm

Los geht's

1. Bretter probeweise zum Kasten zusammensetzen. Innen liegende Seiten markieren, ggf. nachbessern.
2. Innen liegendes Holz mit der Raspel aufrauen. So finden die Vögel später besseren Halt.
3. Einflugloch anzeichnen und zuschneiden. Dazu entweder ein kleines Loch vorbohren und mit der Stichsäge aussägen oder entlang der Linie viele aneinanderliegende Löcher bohren und das innere Stück mit dem Hammer ausschlagen.
4. Bodenbrett nacheinander mit Rückwand, beiden Seitenbrettern und Dach verschrauben.
5. Vorderbrett mit zwei Schrauben befestigen: Sie werden jeweils von außen nach innen am oberen Ende der Seitenwände eingebohrt. Überprüfen, ob die Klappe nach oben klappbar ist.
6. Leiste zum Aufhängen mit der Rückwand verschrauben. Kontrollieren, dass keine Spitzen ins Kasteninnere ragen. Das Dach mit etwas Schiefer und Dachpappe regenfest machen.
7. Zum Schutz ein einfaches Drehschloss anbringen. Dazu einen Nagel an der Seitenwand neben der Vorderseite einschlagen und im rechten Winkel umschlagen.
8. Zur Belüftung vier bis fünf starke Löcher in den Hausboden bohren. Auf den Kastenboden ein Stück Wellpappe legen, das bei der jährlichen Reinigung im Herbst ausgetauscht wird.
9. Zum Aufhängen den Nagel in 2 bis 3 m Höhe in östlicher bis südöstlicher Richtung in den Baumstamm schlagen. Der Kasten ist so weder dem Wetter (Westen) noch der Sonne (Süden) zu stark ausgesetzt.

NISTKASTEN BAUEN
Ein Haus für die Fledermaus

SIE SIND DIE EINZIGEN SÄUGETIERE, DIE FLIEGEN KÖNNEN. UND DIE KLEINEN NACHTSCHWÄRMER HABEN NOCH MEHR ERSTAUNLICHE FÄHIGKEITEN. GUTE GRÜNDE, IHNEN BEI DER WOHNUNGSSUCHE ZU HELFEN!

Material

Lärchenbretter und Leisten in folgendem Zuschnitt:

Rückwand 40 cm × 24 cm

Dach 10 cm × 28 cm

Vorderwand 26,5 cm × 24 cm

2 trapezförmige Seitenwände 28 cm × 9 cm × 26 cm × 6 cm

Aufhängeleiste 3 cm × 55 cm

Einflugleiste 3 cm × 24 cm

TIPP Wer den Holzzuschnitt nicht selbst übernehmen möchte, kann auf Bausätze zurückgreifen.

Werkzeuge

Raspel

Akkuschrauber

Schrauben

Pinsel

Schale mit Olivenöl

Los geht's

1. Damit die Fledermäuse einen guten Halt finden, werden die Holzinnenseiten mit einer Raspel aufgeraut.

2. Vor dem Zusammenbau pinselt man die Bauteile von allen Seiten mit etwas Olivenöl ein.

3. Zuerst werden die Wände nacheinander miteinander verschraubt, dann das Dach und die Aufhängeleiste.

4. Der fertige Kasten wird am Haus oder an Bäumen in mindestens 3 m Höhe angebracht. Er sollte in östliche oder südöstliche Richtung zeigen. Am Haus eignen sich geschützte Plätze unter dem First, Giebeln oder Dachüberständen. Wichtig ist, dass die kleinen Nachtschwärmer eine möglichst freie Anflugbahn haben.

Fledermaus-Wissen

In Deutschland leben derzeit mehr als 20 verschiedene Fledermausarten. Die Arten unterscheiden sich in Aussehen und Verhalten. An ihren Armen haben sie eine dünne Haut, mit deren Hilfe sie fliegen. Damit sie die Arme stets frei bewegen können und dennoch geschützt sind, schlafen Fledermäuse kopfüber aufgehängt an ihren Fußkrallen. Statt Federn haben sie ein weiches, meist bräunliches Fell. Da es in unseren kalten Wintern nicht ausreichend wärmt, halten sie oft eng aneinandergekuschelt Winterschlaf in Höhlen und ähnlichen Verstecken. Um sich im Dunkeln zurechtzufinden, stoßen die nachtaktiven Tiere Ultraschalllaute aus. Dies sind für das menschliche Ohr unhörbare, sehr hohe Töne. Die Schallwellen der Rufe prallen von Hindernissen oder Beutetieren ab und werden als Echo von den Fledermäusen aufgenommen. So können sie millimetergenau bestimmen, wie weit etwas entfernt ist. Die Orientierung über Ultraschall heißt Echoortung.

1.]

2.]

3.]

FLEDERMÄUSE NEHMEN ÜBER IHREN MAGNETSINN DAS MAGNETFELD DER ERDE WAHR UND NUTZEN ES ZUR ORTSBESTIMMUNG.

[4.]

GESCHENKE
aus unserem Garten

HIER MACHT DAS SELBERMACHEN FAST NOCH MEHR SPASS, ALS DAS VERSCHENKEN. EIN BILD AUS NATURFARBEN FÜR OPA? ODER EINE KRÄUTERSEIFE FÜR OMA? KEIN PROBLEM!

GESCHENKE AUS UNSEREM GARTEN

MARMELADE EINKOCHEN
Süßes für Schleckermäulchen

WER DEN SOMMER LÄNGER GENIESSEN MÖCHTE, KOCHT BEEREN UND OBST SELBST EIN. AUCH IM GARTEN KEIN PROBLEM! GEEIGNET SIND VOR ALLEM ERDBEEREN, HIMBEEREN, JOHANNISBEEREN, PFIRSICHE UND ZWETSCHGEN.

Zutaten und Ausrüstung

- ausgekochte Gläser mit fest verschließbaren Schraubdeckeln (sogenannten Twist-off-Deckeln)
- Küchenwaage
- großer Kochtopf und Kochlöffel
- Brett, Messerchen, Küchensieb, eventuell Pürierstab
- kleiner Teller
- 1 kg Beeren für 500 g Gelierzucker 2:1
- etwas Zitronensaft oder ein Päckchen Zitronensäure
- nach Geschmack etwas Vanille(zucker) oder Zimt
- standfester Campingkocher

Los geht's

1. Die reifen Früchte, am besten frisch geerntet sowie ohne Faul- oder Druckstellen, werden gewaschen, ggf. entkernt und klein geschnitten. Damit das Mengenverhältnis mit dem Zucker stimmt, wird das Obst erst danach möglichst genau gewogen.

2. Wer keine Stücke in seiner Marmelade mag, püriert das Obst einfach und gibt anschließend den Gelierzucker in die Masse. Immer frisch gekauft verwenden, da die enthaltenen Geliermittel mit der Zeit ihre Bindefähigkeit verlieren. Nach dem Einfüllen von Früchten und Zucker sollte der Topf etwa zur Hälfte gefüllt sein – so wird anschließend ein Überkochen der sprudelnden Masse verhindert. Der Kochvorgang der Masse findet unter ständigem Rühren statt, bis es sprudelt. Dann wird die Masse noch etwa drei bis vier Minuten weitergekocht.

3. Mit der Gelierprobe kontrolliert man, ob die Masse bereits fest genug ist. Dazu einfach einen kleinen Klecks auf einen sauberen Teller geben. Verläuft dieser noch, wird Zitronensaft oder ein Päckchen Zitronensäure hinzugefügt und das Ganze ein/zwei Minuten weitergeköchelt, dann abermals überprüfen.

4. Die heiße Masse wird schnell in die ausgekochten Gläser gefüllt, ggf. den Rand mit einem sterilen Tuch sauber wischen. Fest verschlossen bleiben die Gläser noch etwa fünf Minuten auf dem Kopf stehen.

1.]

[2.]

3.]

[4.]

[1.]

[2.]

[3.]

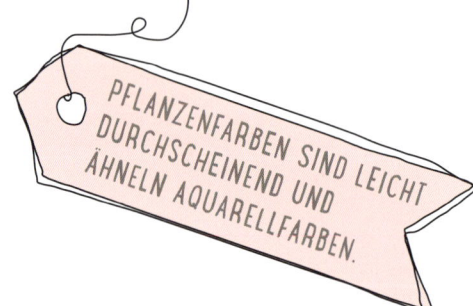

PFLANZENFARBEN SIND LEICHT DURCHSCHEINEND UND ÄHNELN AQUARELLFARBEN.

GESCHENKE AUS UNSEREM GARTEN

NATUR-MALKASTEN
Farben aus Blüten, Blättern und Früchten

MALEN MIT BUNTEN FARBEN MACHT EINFACH SPASS. DAS GILT BESONDERS, WENN MAN SIE VORHER SELBST HERGESTELLT HAT. WIR ZAUBERN AUS BLÜTEN, BLÄTTERN UND FRÜCHTEN GANZ BESONDERE FARBTÖNE.

Material

Blüten, z. B. Studentenblume, Schwarze Stockrose, Klatschmohn, Blaue Schwertlilie

Mörser, ersatzweise einen kleinen rundlichen und einen großen flachen Stein

Alaunpulver aus der Apotheke

Topf und alten Löffel

altes Sieb

Marmeladengläser mit Deckel

standfester Campingkocher

bei Bedarf etwas Backpulver bzw. Natron, Essigessenz, Seifenlauge

TIPP Möchte man mit den Pflanzenfarben zeichnen, empfiehlt sich die Zugabe eines Bindemittels. Dies kann z. B. Hühnerei, eine Zuckermischung oder Öl sein. Auf diese Weise haften die Farbpigmente besser auf dem Untergrund und ihre Deckkraft wird erhöht.

Los geht's

1. Je mehr verschiedene Pflanzen wir sammeln, desto mehr Farben haben wir später im Natur-Malkasten. Die größte Auswahl gibt es natürlich im Sommerhalbjahr, wenn alles grünt und sprießt. Einige Farben lassen sich aber auch im Winter herstellen. Grundsätzlich färben alle Pflanzen. Experimentieren ist also erlaubt. Häufig färben einzelne Pflanzenteile wie Blätter, Stängel, Zweige, Wurzeln, Blüten oder Früchte in verschiedenen Farben.

2. Um die Farben aus den Pflanzen zu gewinnen, diese mit etwas Wasser und Alaunpulver aufkochen, ggf. vorher zerkleinern. Das Kalium-Aluminium-Sulfat wird in Pulverform in der Apotheke verkauft und hilft die Farbstoffe herauszulösen.

3. Den Pflanzensud nun durch ein kleines handliches Sieb direkt in saubere Einmachgläser pressen und anschließend im Kühlschrank aufbewahren.

INTERESSANT | DIE KRAFT DER FARBEN Unterschiedliche Farbtöne können durch Zugabe einiger Tropfen Seifenlauge, Essigessenz oder in Wasser gelöstem Backpulver entstehen. Dies ist z. B. bei Klatschmohn, Holunder und Rotkohl der Fall. Manche Pflanzen färben bereits intensiv, wenn sie zerdrückt bzw. gemörsert werden, andere kocht man besser auf.

GESCHENKE AUS UNSEREM GARTEN

PINSEL SELBER MACHEN
Aus Holunderstöcken und Gräsern

FÜR EINEN NATURPINSEL BRAUCHEN DIE KINDER NICHT VIEL. EINIGE GRÄSER UND STÖCKCHEN SAMMELN, ETWAS BASTELN UND AUF GEHT'S ANS MALEN! AUF EINEM BILD LASSEN SICH DAMIT VIELE SCHÖNE EFFEKTE ZAUBERN.

Material
- gerade, fingerdicke Zweige, z. B. Holunder
- feste Gräser wie Ackerschachtelhalm
- blühende Gräser
- verblühte Blütenstände
- Tannenzweigspitzen
- Federn, Stroh
- Taschenmesser
- Gartenschere
- Drahtschere
- Draht
- Sisal

Los geht's

1. Mit einem Körbchen und einer Gartenschere geht's auf die Suche nach festen Gräsern wie Ackerschachtelhalm. Besonders Ausschau halten wir nach Holundersträuchern. Ihre Zweige sind besonders gut geeignet für die Pinsel, da sie ausgehöhlt werden können. Für die Pinselborsten sammeln wir Tannenzweigspitzen, (blühende) Gräser, verblühte Blütenstände, Federn und Stroh.

2. Zu Hause werden die Zweige mit der Gartenschere etwa auf Bleistiftlänge gekürzt. Bei den Holunderzweigen höhlen wir zusätzlich das weiche Mark in der Mitte des Holzes mit einer Ahle oder einem Draht aus.

3. In die Holunderzweigöffnungen werden nun die gesuchten „Pflanzenborsten" gesteckt. Bei Zweigen ohne Öffnung werden sie außen mit Band, Ackerschachtelhalm oder Draht fixiert.
Und sind die Naturfarben von Seite 59 auch schon fertig? Dann heißt es jetzt, auf die Pinsel, fertig, los!

INTERESSANT | KOHLESTIFTE UND HOLUNDERTINTE Für noch mehr Malvergnügen im Herbst reife Holunderbeeren sammeln und z. B. mit zwei Steinen zerdrücken. Die Masse durch ein Sieb in ein verschließbares Glas geben. Für die Malstifte fingerdicke Birken- oder Weidenzweige in einer gut verschlossenen Blechdose einige Stunden in die (Lager-)Feuerglut legen. Die Dose dazu vorher mit einigen Löchern in der Seite versehen. Die erkaltete Kohle ist am nächsten Tag einsatzbereit.

GESCHENKE AUS UNSEREM GARTEN

GARTENHOCKER
Pflanztöpfe & Windlichter

ANDERE HOCKEN IN DER STUBE, WIR LIEBER IM GRÜNEN! UM EIN BEQUEMES PLÄTZCHEN ZU BASTELN, BRAUCHEN WIR NICHT VIEL. PFLANZTÖPFE UND WINDLICHTER SIND EINE SCHÖNE ERGÄNZUNG.

Material

- große, runde Olivendose mit Boden
- Wachstuch
- beidseitiges Teppichklebeband
- Füllung von einem alten Sofakissen
- Sisalschnur

Los geht's mit dem Gartenhocker

1. Bei einem südländischen Restaurant oder Gemüsehändler nach großen, schönen Olivendosen fragen.
2. Das Wachstuch wird so zugeschnitten, dass es rundum etwa 2 cm über dem Dosenrand steht. Die Dose dazu einfach umdrehen, auf den Stoff stellen und die Dose sowie eine Linie im Abstand von 2 cm markieren.
3. Das Klebeband am oberen Dosenrand festkleben.
4. Die Dose mit der Füllung des Sofakissens auffüllen.
5. Das Wachstuch mit gleichmäßigem Abstand an das Klebeband festdrücken.
6. Die Sisalschnur um das Wachstuch binden.

Pflanztopf

Wer noch mehr große Olivendosen ergattert hat, kann sie hübsch bepflanzen. Dazu einige Löcher mit Hammer und Nagel in den Topfboden schlagen. So kann das Gießwasser später gut abfließen. Zusätzlich in die Dose einige größere Steinchen oder Tonscherben legen, damit die Pflanzenwurzeln nie zu lange im Nassen stehen. Mit Pflanzerde auffüllen, Pflanzen einsetzen, Erde festdrücken und gut angießen. Fertig ist das neue Pflanzenquartier!

Windlichter

Dafür möglichst viele Dosen in unterschiedlichen Größen sammeln. Für die Löcher in den Dosen werden diesmal verschieden dicke Nägel benötigt. So fällt der Kerzenschein sowohl durch kleine als auch durch große Löcher. Am oberen offenen Rand zwei Löcher für einen Haltedraht in die Dose hämmern.

[1.]

[2.]

[3.]

[4.]

GESCHENKE AUS UNSEREM GARTEN

SONNENSCHMUCK
Blumenkränze binden

WENN SONNE UND SOMMER LACHEN, IST DIE ZEIT DER BLUMENKINDER GEKOMMEN. DA DARF EIN WENIG SELBST GEMACHTER SCHMUCK NICHT FEHLEN. WIR BASTELN IHN AUS BLUMEN, GRÄSERN UND ZWEIGEN.

Material

geeignete Blumen, z. B. Gänseblümchen, Storchschnabel, Frauenmantel, Margerite, Kamille, Vergissmeinnicht, Löwenzahn, Kornblumen, Schafgarbe

Schere

feiner Draht oder Bindfaden

Los geht's

1. Die Blumen am besten um die Mittagszeit bei sonnigem Wetter mit einer kleinen Schere schneiden. Die Stängel sollten möglichst lang und biegsam sein, sodass sie sich leicht verarbeiten lassen. Den Anfang des Kranzes bilden zwei Blumen, deren einer Stiel kurz unterhalb der Blüte um den anderen gewickelt wird. Die beiden Stiele liegen am Ende parallel, wobei der zweite über den ersten hinausragt.

2. Auf diese Weise je eine Blume hinzufügen, bis die gewünschte Länge erreicht ist.

3. Zum Schließen des Kranzes nun die Stielenden unter die Blüten schieben und mit etwas Draht oder Bindfaden umwickeln.

4. Wer wie die Schweden Mittsommer, also die Sommersonnenwende, feiern möchte, kann mit den fertigen Kränzen um einen geschmückten Baum tanzen und lustige Lieder singen. Quuu-ack, quack, quack, so geht's den ganzen Tag!

GEKÜHLT ODER IN EINER SCHALE MIT WASSER HALTEN DIE KRÄNZE LÄNGER. AUF DIESE WEISE SIND SIE AUCH EIN SCHÖNER TISCHSCHMUCK.

INTERESSANT | WEITERE BINDETECHNIKEN Eine einfache Kette kann man aus Löwenzahn und Gänseblümchen basteln. Mit dem Fingernagel dazu längs in den Stängel ein Loch drücken, durch das die nächste Blüte samt Stängel geführt wird. Bis zur gewünschten Länge wiederholen. Aus biegsamen Zweigen und Gräsern lässt sich ein Kranz biegen, in den man dann die Blumen stecken kann.

[1.]

[3.]

[2.]

GESCHENKE AUS UNSEREM GARTEN

RINGELBLUMENCREME
Köpfchen voller Sonne

RINGELBLUMEN HABEN ES IN SICH: SIE BLÜHEN HÜBSCH BUNT DEN GANZEN SOMMER BIS IN DEN HERBST HINEIN UND HABEN ZUDEM EINE HEILENDE WIRKUNG. SOGAR DAS WETTER KANN MAN MIT IHRER HILFE VORHERSAGEN.

Material

2 Hände voll frisch gepflückte Ringelblumenblüten

100 ml Mandelöl

2 EL Bienenwachs

Topf

Kochlöffel

kleine Schüssel

Sieb

kleine Marmeladengläser o. Ä.

ggf. Gaskocher zur Herstellung im Freien

Los geht's

1. Die Blüten an einem sonnigen Tag am besten um die Mittagszeit pflücken, dann sind sie am intensivsten. Statt der frischen Blüten können auch getrocknete verwendet werden, dann reicht die halbe Menge. Wichtig ist, dass nur die bunten Zungenblätter verwendet werden. Der grüne Korbgrund kann Allergien auslösen!

2. Das Mandelöl und die Blüten im Wasserbad für etwa 15 Minuten vorsichtig erhitzen. Dann das Bienenwachs hinzugeben und ebenfalls erhitzen.

3. Die flüssige Masse durch ein Sieb in die vorbereiteten, sauberen Gläschen geben. Wenn die Salbe abgekühlt ist, kann das Glas geschlossen werden. Die fertige Salbe hat einen feinwürzigen Geruch und kann z. B. bei Hautverletzungen, Ekzemen, Blutergüssen oder Stauchungen verwendet werden. Am besten im Kühlschrank aufbewahren.

Aussaat

Die Samen können jedes Jahr direkt ins Beet gesät werden. Die einjährige Pflanze liebt sonnige Standorte mit einem eher lehmigen Boden. Einen hohen Stickstoffgehalt sowie Kalium-und Phosphormangel verträgt sie nicht gut. Fühlt sich die Ringelblume hingegen wohl, sät sie sich gerne selber aus. Im Gemüsebeet stehen Ringelblumen oft neben Kartoffeln.

INTERESSANT | WETTERVORHERSAGE Ringelblumen schließen ihre Blütenkörbchen bei aufziehendem Regen, um sie zu schützen. Bauern leiteten daraus folgende Wetterregel ab: „Sind die Blüten nach sieben Uhr morgens noch geschlossen, regnet es bestimmt an diesem Tag." Auch mithilfe von Gänseblümchen, Kamille, Löwenzahn und Wegwarte lässt sich das Wetter so vorhersagen. Sie alle gehören zur Pflanzenfamilie der Korbblütler.

[2.]

[3.]

[4.]

GESCHENKE AUS UNSEREM GARTEN

FRÜHLINGSSEIFE
aus Kräutern und Blüten

EIN SONNTAGNACHMITTAG IM FRÜHLING. DIE SONNE LACHT, DIE VÖGEL ZWITSCHERN UND DAS GRÜN SPRIESST. NICHTS WIE RAUS! DRAUSSEN EINE FEIN DUFTENDE SEIFE SELBST ZU FORMEN, IST EIN GROSSER SPASS.

Material je Kind

1 Stück Roh- bzw. Glycerinseife durchsichtig und/oder milchig (kann zum Verteilen in gleichgroße Stücke geschnitten werden)

1 Handvoll frisch gepflückte Kräuter wie Ringelblumen, Lavendel, Johanniskraut, Brennnessel

1 Handvoll Gänseblümchen oder andere Blüten, z.B. Rosen, Frauenmantel, Gundermann

etwas Speiseöl

Küchenreibe

Schüssel

Brettchen

Mörser

Teesieb

einige Plätzchenformen oder Eiswürfelschalen

nach Geschmack etwas Duftöl, Zitronen oder Kräutertee

Los geht's

1. Wir beginnen mit einem Streifzug durchs Grüne. Die Kinder pflücken Kräuter wie Frauenmantel, Johanniskraut, Gundermann oder Brennnessel. Auch die süßen kleinen Gänseblümchen kommen ins Körbchen.
Anschließend reiben wir die Rohseife vorsichtig in die Schüssel.

2. Damit die Seife gelingt, kneten wir die Masse wie einen Hefeteig ordentlich durch, bis die Reibestückchen gut verklebt sind.
Wir machen hier drei unterschiedliche Seifen. In die erste Schüssel geben wir viele getrocknete Blütenblätter von Ringelblumen, Rosen und Lavendel vom letzten Sommer.

3. In die zweite Schüssel geben wir zwei bis drei Tropfen Duftöl oder etwas Zitronensaft. Für die dritte Mischung zerstampfen wir die gesuchten Kräuter gründlich mit etwas Öl in einem Mörser.

4. Den Seifenteig drücken wir nun entweder direkt in einige Plätzchenformen oder erwärmen ihn in der Mikrowelle etwa vier Minuten bei 600 W, um ihn anschließend in Eiswürfelformen zu füllen. Je nach Vorlieben können wir ganze Blüten oder Blättchen hinzufügen.

5. Die Seifen drücken wir vorsichtig aus den Formen auf ein Brett zum Trocknen. Zum Verschenken platzieren wir sie auf frisch gepflückten Blättern oder kleinen Papieruntersetzern, z.B. für Muffins oder Pralinen.

Was Eltern wissen sollten

Als Basisseife lässt sich besonders gut Glycerinseife verarbeiten, da sie leicht form- und schmelzbar ist sowie Duftstoffe bindet. Es gibt sie in durchsichtiger oder milchiger Form in Bastelläden, Drogerien und Apotheken, auch unter den Namen Transparent-, Bastel- oder Rohseife. Eine Alternative ist handwerklich hergestellte Leimseife. Kernseifen sind hingegen aufgrund ihrer Härte ungeeignet.

IM GARTEN FEIERN

Rennen und rätseln

EINEN KINDERGEBURTSTAG IM GARTEN ZU FEIERN, IST IMMER EINE SUPER IDEE. MIT DIESEN LEICHT UMSETZBAREN SPIELEN WIRD DIE GARTENPARTY GARANTIERT EIN VOLLER ERFOLG!

[1.]

[2.]

[3.]

LAUF- UND FANGSPIELE
Für vier und noch mehr Mitspieler

ES GIBT EINE VIELZAHL AN SCHÖNEN, ALTEN SPIELEN. SIE LASSEN SICH OFT LEICHT AUF VORLIEBEN, ALTER UND ANZAHL DER SPIELER ANPASSEN. HIER STELLEN WIR DREI BESONDERS LUSTIGE GARTENSPIELE VOR.

Material

- 2 Seile als Start- und Ziellinie
- Verkleidungssachen für 2 Vogelscheuchen
- ggf. Belohnungen

AB VIER MITSPIELER

Los geht's

SPIEL 1: Vogelscheuchenlauf
Es werden zwei Gruppen gebildet sowie eine Start-/Ziellinie und ein Wendepunkt, z. B. ein Baum, markiert. Ein Kind je Team verkleidet sich als Vogelscheuche mit Strohhut, Schal, Jackett, Rock, zu großen Schuhen und einem Besen. Auf ein Signal laufen die Scheuchen los, umrunden den Baum und kehren zurück. Die Kleidung wird schnell an den nächsten Läufer weitergegeben usw.

SPIEL 2: Alle meine Entchen
Eine Start- und Ziellinie mit Seilen markieren. Am Ziel steht die Entenmutter, die ihre Küken vom Start zu sich lockt: Alle meine Entchen, kommt zu mir! – *Wir können nicht!* – Warum denn nicht? – *Der Fuchs ist da!* – Wo steckt er denn? – *Hinterm Baum!* – Was will er denn? – *Er will uns fressen!* – Alle meine Entchen, kommt zu mir" Nun rennen die Küken Richtung Mama. Der Fuchs stürmt hinterm Baum hervor und versucht, sie zu fassen. Die Gefangenen werden im nächsten Durchgang zu Füchsen.

SPIEL 3: Bäumchen, wechsel dich
Benötigt werden mehrere Bäume (ersatzweise Sträucher, Pfosten o. Ä.). Wichtig ist, dass alle Spieler, bis auf einen, bei einem Baum stehen. Gibt es mehr Bäume als Spieler im Garten, müssen die „mitspielenden Pflanzen" markiert werden. Der baumlose Spieler ruft: „Bäumchen, Bäumchen, wechsel dich!" Daraufhin laufen alle los und versuchen, einen neuen Baum zu erreichen. Derjenige, der ohne Baum bleibt, ruft nun den Wechselspruch.

PFLANZENQUIZ
für schnelle Ratefüchse

BEI DIESEM SPIEL GEHT ES NICHT NUR UM SCHNELLIGKEIT, SONDERN VOR ALLEM UM WISSEN. WER WEISS, WIE Z. B. RINGELBLUME, FRAUENMANTEL UND KASTANIENBLÄTTER AUSSEHEN, HAT AM ENDE DIE NASE VORN.

Material

2 identische Sträuße mit Blumen, Blättern, Beeren

Zettel

Stift

AB FÜNF MITSPIELER

Los geht's

1. Es werden zwei Gruppen gebildet mit mindestens je zwei Mitspielern. Die Gruppen stellen sich etwa 10 m entfernt voneinander auf. In ihrer Mitte steht der Spielleiter mit einer Liste verschiedener Pflanzennamen. Vor Beginn hat er aus den Pflanzen, das können Blumen, aber auch Blätter von Bäumen etc. sein, zwei identische Sträuße gebunden und sie an zwei Stellen in etwa 10 m Entfernung vom Start abgelegt.

2. Zu Spielbeginn laufen die Staffelersten zum Spielleiter, der ihnen die erste Pflanze auf seiner Liste nennt, z. B. Löwenzahn. Die Staffelläufer rennen zu ihrem jeweiligen Strauß, suchen die genannte Pflanze heraus und bringen sie dem Spielleiter. Wird eine falsche Pflanze gebracht, muss der Läufer sein Glück erneut versuchen. Stimmt die Pflanze, klatscht er den nächsten Läufer ab und stellt sich wieder hinten an.

3. Gewonnen hat die Mannschaft, die als Erstes den Strauß beisammenhat. Das Spiel kann dem Alter der Spieler angepasst werden, indem z. B. die Laufentfernungen gelängt werden. Die Pflanzen können vor Beginn zusammen gepflückt und benannt werden.

IM GARTEN FEIERN

GESCHICKLICHKEITS-
und Schätzspiele

BEI DIESEN SPIELEN SIND GESCHICKLICHKEIT UND EIN GESPÜR FÜR MENGEN UND GRÖSSEN GEFRAGT. SIE KÖNNEN BEREITS AB ZWEI KINDERN GESPIELT WERDEN UND MACHEN JEDE MENGE SPASS.

Material

Spiel 1: Wäscheleine, Wäscheklammern, Kirschpaare, Äpfel mit Stiel

Spiel 2: Jutesäcke o. Ä.

Spiel 3: Steine, Blätter, Blüten, Stöcke, Küchenwaage, Zettel, Stift

AB ZWEI MITSPIELER

Los geht's

SPIEL 1: Kirschen von der Leine pflücken
Es wird eine lange Wäscheleine z. B. zwischen zwei Bäumen in Kopfhöhe der Kinder gespannt. Daran werden mehrere Kirschpaare und kleine Äpfel mit Stiel gehängt. Nacheinander versuchen die Kinder nun mit dem Mund, die Kirschen und Äpfel von der Leine zu ernten. Oder ein Kind pflückt die Kirschen und das andere erntet die Äpfel um die Wette von der Leine. Statt der Früchte können auch Würstchenpaare genommen werden. Eine Alternative ist das Apfelfischen. Hier schwimmen Äpfel in einem mit Wasser gefüllten Bottich, die von den Kindern mit dem Mund herausgefischt werden müssen.

SPIEL 2: Sackhüpfen
Nicht umsonst der Gartenklassiker schlechthin. Es werden eine Start-/Ziellinie und ein Wendepunkt, z. B. ein Baum, markiert. Auf Kommando wird um die Wette gehüpft. Als Säcke eignen sich alte Kartoffelsäcke, alte Kopfkissen oder robuste Müllbeutel.

SPIEL 3: Wie groß bin ich?
Nun ist der Verstand gefordert. Vor den Kindern liegen je ein großer Haufen mit Steinen, Blättern, Blüten und Stöcken. Alle raten, wie viele Exemplare sich auf den verschiedenen Haufen befinden. Ältere Kinder können im Stillen raten und das Ergebnis auf einem Zettel notieren. Bei Jüngeren notiert ein Erwachsener z. B. für alle sichtbar auf einer Tafel. Alternativ zur Anzahl kann auch das Gewicht geschätzt werden. Zum Nachwiegen braucht man eine Waage.

[1.]

[2.]

[3.]

DUFTRATESPIEL
Spürnasen auf Pflanzensafari

WAS RIECHT DENN DA? BEVOR WIR MIT DEM EIGENTLICHEN SPIEL BEGINNEN, BEGEBEN WIR UNS AUF EINE AUSGEDEHNTE PFLANZENSAFARI UND NÄHEN VERSCHIEDENE DUFT-KISSEN.

Material

gerade Anzahl verschiedener Duftkräuter und -pflanzen, z. B. Pfefferminze, Lavendel, Rosmarin, Currykraut, Salbei, Rosen, Flieder, Waldmeister, Schokoladenblume, Himbeerblätter

Schere (für die Ernte)

Nesselstoff oder „Stick"-Stoff mit buntem Garn

Stift zum Beschriften

Los geht's

1. Auf Duftsafari sammeln wir verschiedene stark duftende Kräuter und Pflanzen.

2. Das Erntegut binden wir jeweils zu einem kleinen Strauß und lassen es kopfüber trocknen. Besonders intensiv duften Rosenblüten, Himbeerblätter, Fliederblüten, Schokoladenblume, Waldmeister, Bärlauch und Duftgeranien. Aus dem Kräuterbeet können noch Dost/Oregano, Lavendel, Pfefferminze, Zitronenmelisse, Salbei, Thymian, Rosmarin und Currykraut ergänzt werden.

3. Während der Trocknungsphase nähen wir kleine einfache Kissen, z. B. aus Nesselstoff. Vorsicht, auf jeden Fall eine gerade Anzahl an Kräuterkissen herstellen!

4. Später verteilen wir die unterschiedlichen getrockneten Kräuter auf die Kissen. Jede Pflanzenart wird dabei auf zwei Kissen verteilt.

5. Die Rückseite des Kissens beschriften wir mit Namen und/oder Foto der Pflanze. Wer mag, kann die Kissen auf der Rückseite auch im Kreuzstich mit dem richtigen Namen besticken. Übrigens: Schon drei unterschiedliche Pflanzenpaare reichen für dieses Spiel. Denn es ist ganz schön schwer, die Gerüche zuzuordnen. Gespielt wird wie beim normalen Memory: Der Reihe nach versuchen die Mitspieler, die Kräuterpaare zu erschnüffeln.

SPIELGERÄTE
lassen sich leicht selber machen

AUS DEN EINFACHSTEN MITTELN WERDEN JETZT DIE TOLLSTEN SPIELSACHEN GEBASTELT. OB STECKENPFERD, DOSENTELEFON ODER GARTENKÜCHE, DIE MÖGLICHKEITEN SIND VIELFÄLTIG!

SPIELGERÄTE LASSEN SICH LEICHT SELBER MACHEN

MANDALAS LEGEN
Kreise aus Blüten und Blättern

DAS WORT KOMMT AUS DEM ALTINDISCHEN UND BEDEUTET SO VIEL WIE KREIS. VERBREITET SIND MANDALAS IN GESAMT OSTASIEN. BEI UNS SIND SIE ALS MALVORLAGE SEHR BELIEBT, HIER LEGEN WIR SIE AUS NATURMATERIALIEN.

Material

- Blüten
- Blätter
- Steine
- Stöckchen
- Sand
- biegbare Zweige
- einige Tontöpfe
- ggf. Tontopfuntersetzer und Lehm

Los geht's

1. Zunächst machen wir uns auf die Suche nach den Pflanzenmaterialien. Je vielseitiger in Farbe, Form und Größe sie sind, umso besser. Im Sommerhalbjahr ist die Auswahl natürlich besonders groß und farbenprächtig, aber auch im Winter finden sich viele interessante Fundstücke. Die unterschiedlichen Materialien sortieren wir in die Tontöpfe.

2. Nun geht's ans Auslegen. Die Materialien können direkt in Sand oder auf dem Rasen ausgelegt werden. Wer sein Kunstwerk später zur Seite stellen möchte, legt es auf einem Tontopfuntersetzer an. Zum Markieren des Zentrums setzen wir einen kleinen Stein in die Mitte. Tipp: Wer seinen Untersetzer mit Lehm ausfüllt, kann die Materialien auf natürliche Weise fixieren.

3. Ganz nach Geschmack ordnen wir die verschiedenen Materialien nun kreisförmig um den Stein an. Auf diese Weise können sowohl gegenständliche Darstellungen wie Tiere etc. als auch abstrakte Formen und Muster gelegt werden.

INTERESSANT | MAGISCHE KREISE Mandalas haben ursprünglich eine religiöse Bedeutung im Hinduismus und Buddhismus. Ihre Ausübung soll der Meditation dienen und helfen, das eigene Selbst zu vergessen sowie die Konzentrationsfähigkeit zu schulen.

SPIELGERÄTE LASSEN SICH LEICHT SELBERMACHEN

WITZIGE WIPPE
Auch zum Balancieren

EINE EINFACHE WIPPE LÄSST SICH MIT WENIGEN HANDGRIFFEN BAUEN UND PRAKTISCHERWEISE AUCH WIEDER ABBAUEN. DABEI KANN MAN SICH NICHT NUR AUF SIE DRAUFSETZEN, AUCH ZUM BALANCIEREN IST SIE GUT GEEIGNET.

Material

- langes Brett, z. B. Lärchenholz
- kleinere Baumstämme
- ggf. Schnur

Los geht's

1. Die drei Baumstämme werden fest miteinander verschnürt. Statt der drei Baumstämme kann man natürlich auch einen einzigen dicken verwenden. Allerdings ist dieser dann sehr schwer und nicht so leicht zur Seite zu räumen wie die Verschnürten.

2. Nun legt man das lange Brett mittig über die Stämme. Lärchenholz ist besonders widerstandsfähig und auch unbehandelt lange haltbar. Eine geriffelte Bohle wird zudem nicht so schnell rutschig.

3. Wer möchte, kann nun mit der Konstruktion nicht nur wippen, sondern auch probieren, über das Brett zu balancieren. Aber Vorsicht, in der Mitte verändert sich der Schwerpunkt und es kommt Bewegung in die Sache! Wer mag, kann die Wippe auch als große Natur-Murmelbahn verwenden und Bälle, Holzkugeln oder große Steine hinunterrollen lassen. Was rollt wohl am schnellsten und weitesten? Dieses Experiment bringt vor allem kleineren Kindern großen Spaß.

INTERESSANT | MATERIALSUCHE Besonders im Februar werden allerorten Bäume und Büsche gestutzt, denn in der Zeit zwischen dem 1. März und dem 30. September ist der Rückschnitt zum Schutz von wild lebenden Tieren verboten. Wer noch Baumstämme braucht, einfach die Baumfäller ansprechen oder eine entsprechende Firma in der Umgebung anrufen.

[1.]

[2.]

JE MEHR MATERIAL ZUR VERFÜGUNG STEHT, DESTO LÄNGER UND KURVENREICHER KANN DER PARCOURS GEBAUT WERDEN. WER LUST HAT, ERGÄNZT WASSERRÄDCHEN ODER STAUWÄNDE.

[3.]

SPIELGERÄTE LASSEN SICH LEICHT SELBERMACHEN

SPIELEN MIT WASSER
Eine Baustelle aus Fundstücken

KINDER LIEBEN ES, MIT WASSER ZU PLANSCHEN. IM GARTEN KANN MAN DEM SPIELTRIEB GERNE MAL FREIEN LAUF LASSEN. HIER BAUEN WIR AUS EINFACHEN FUNDSTÜCKEN EINE TOLLE WASSERBAUSTELLE.

Material

- alte Firstpfannen
- alte Ziegel und Mauersteine
- ggf. alte Regenrinnen und Rohre
- etwas Lehm
- großes Gefäß, z. B. altes Weinfass zum Auffangen des Wassers
- gefüllte Gießkanne oder angeschlossener Gartenschlauch

Los geht's

1. Für einen guten Wasserfluss bauen wir mit Gefälle. Das Fass bildet dabei den niedrigsten Punkt. Wir arbeiten von unten nach oben, also vom Ende bis zum Beginn der Rinne. Als Erstes wird daher das Fass aufgestellt.
Mit Ziegelsteinen bauen wir einen Pfeiler für die erste Firstpfanne. Er muss etwas höher als das Fass sein. Die Pfanne am unteren Ende auf den Gefäßrand, am oberen auf die Ziegel legen. Die hohle Seite zeigt nach oben.

2. So bilden wir Stück für Stück aus den ineinandergelegten Firstpfannen eine Wasserrinne. Am oberen Ende jeder Pfanne muss eine Stütze sein! Um die Pfannen zu stabilisieren, verkleben die Baumeister sie von unten mit Ton oder Lehm.

3. Unsere Wasserecke liegt unter einem Baum. So kann das Wasser mit einer Gießkanne, die an einem langen Seil mit Flaschenzug befestigt ist, eingelassen werden.

TIPP | EIN WASSERRÄDCHEN FÜR DIE RINNE   Aus einem dicken Sektkorken lässt sich schnell ein Wasserrädchen bauen. Er wird dazu der Länge nach durchbohrt und mit einem Schaschlikspieß durchstochen. Mit einem Messer ritzen wir dann den Korken für die Schaufelräder mittig längs an. Als Schaufelräder dient Obstkistenholz, das wir mit einer Schere in vier längliche, gleich große Teile schneiden, in die Ritze stecken und an zwei Astgabeln über der Rinne einhängen.

SPIELGERÄTE LASSEN SICH LEICHT SELBERMACHEN

LEHMBAUKLÖTZE
Bauen mit Erde

MIT LEHM LÄSST SICH EINIGES ANSTELLEN. WIR KÖNNEN DAMIT BASTELN, BAUEN, UND SPIELEN. DABEI IST DAS NATURMATERIAL EIN ECHTES RECYCLINGPRODUKT UNSERER ERDE. HIER EINIGE TIPPS UND IDEEN ZUR VERARBEITUNG.

Material

Eimer feuchter Lehm, ersatzweise Ton mit etwas Sand versetzt

ggf. Sand oder Stroh

diverse Ausstechformen, z. B. Holzrahmen 10 × 20 cm (Innenmaß)

etwas Draht

Messer

Schaufel

Los geht's

1. Lehmboden kommt oft an Bachläufen in waldigen Gegenden vor, aber auch in Gärten finden wir ihn häufig. Dies lässt sich leicht überprüfen, indem wir einfach ein spatentiefes Loch buddeln und die entnommene Erde mit etwas Wasser vermengen. Kann man die Mischung zu einer Rolle oder einem Hufeisen formen, handelt es sich um Lehm oder sogar Ton.

2. Wie einen Kuchenteig kneten wir den feuchten Lehm gut durch. Er sollte sich weich und geschmeidig anfühlen. Ist er matschig, fügt man etwas Sand oder Stroh zum Abbinden hinzu.
Für die Bauklötze pressen wir den Lehm in einen einfachen Holzrahmen. Ersatzweise können auch Eiswürfelschalen verwendet werden.

3. Nachdem wir den Lehm vorsichtig aus der Form gedrückt haben, schneiden wir ihn mit einem Stück Draht in Klötzchenform.

4. Die Bauklötzchen werden abschließend an einem sonnigen, vor Wasser geschützten Ort getrocknet und sind dann einsatzbereit.

INTERESSANT | BESONDERER NATURSTOFF Lehm ist ein Verwitterungsprodukt von Gesteinen in unterschiedlichen Korngrößen. Der feine Sand, der mittelgrobe Schluff und der grobe Ton ergeben zusammen eine formbare Mischung, den Lehm. Trocknet das eingeschlossene Wasser, wird die Masse fest und es entstehen winzige Hohlräume. Darin können Wärme und in der Luft befindliche winzige Teilchen wie Staub oder Feuchtigkeit gespeichert werden. Deswegen schafft Lehm ein besonders angenehmes Raumklima. In Verbindung mit Wasser weicht die Masse jedoch erneut auf.

[2.]

[3.]

> FREIHÄNDIG KÖNNEN FIGUREN, PLASTIKEN, KLEINE SPIELHÄUSER, MURMELN, PERLEN, LEHMBILDER BZW. COLLAGEN, CHRISTBAUM-SCHMUCK ODER WINDSPIELE GEFORMT WERDEN.

[4.]

SPIELGERÄTE LASSEN SICH LEICHT SELBERMACHEN

IDEEN AUS BLECH
Stelzen, Telefon & Glocke

AUS BLECHDOSEN LÄSST SICH EINE MENGE BASTELN. DAZU BRAUCHT MAN NEBEN EINIGEN SCHÖNEN DOSEN OFT NICHT MEHR ALS ETWAS SCHNUR ODER DRAHT.

Material

- verschiedene Blechdosen
- 1 großer, langer Nagel
- Hammer
- Sisalschnur
- Holzstückchen
- Draht
- Drahtschere
- ggf. Filz und Streichhölzer

Los geht's

SPIELGERÄT 1: Stelzen
Für die Dosenstelzen benötigen wir zwei leere Dosen und etwas Schnur. Mit Nagel und Hammer schlagen wir zwei gegenüberliegende Löcher knapp unterhalb des geschlossenen Dosenboden in den Rand. Wenn wir vorher ein Stück Holz als Widerstand in die Dose stecken, verbeult das Blech anschließend nicht. Die Schnur nun der Beinlänge der Kinder anpassen, durch die Löcher ziehen und von innen verknoten. Wer es bequem mag, klebt Filz auf die Trittflächen der Stelzen.

SPIELGERÄT 2: Telefon
Hier benötigen wir ebenfalls zwei Dosen sowie ein langes Stück Schnur. In die Mitte des Dosenbodens schlagen wir mit Nagel und Hammer ein Loch. Anschließend wird die Schnur eingefädelt und von innen verknotet. Damit das Telefon funktioniert, halten wir die Schnur auf Spannung. Ein Kind spricht in die Dose, das andere hält die offene Dose ans Ohr und lauscht. So kann man sich mühelos über größere Entfernungen verständigen.

SPIELGERÄT 3: Glocke
Diesmal benötigen wir den Nagel nicht nur zum Schlagen des Loches in den Dosenboden, sondern verwerten ihn als Glockenschlägel gleich mit. Dafür knoten wir etwas Schnur an den Nagel, knoten die Schnur mit einigen Zentimetern Abstand um ein Stückchen Streichholz o. Ä. und ziehen die Schnur mit dem losen Ende von innen nach außen durch die Dose. Der Nagel sollte nun ein gutes Stück unten aus der Dose herausragen. Mit der langen Schnur können wir die fertige Glocke aufhängen.

> IM SUPERMARKT, IN AUSLÄNDISCHEN SPEZIALITÄTENGESCHÄFTEN ODER IM URLAUB NACH SCHÖN BEDRUCKTEN DOSEN OHNE PAPIERÜBERZUG AUSSCHAU HALTEN.

[1.]

[2.]

[3.]

SPIELGERÄTE LASSEN SICH LEICHT SELBERMACHEN

PFERDE IM GARTEN
für kleine Reitanfänger

PFERDCHEN LASSEN SICH AUF VIELFÄLTIGE WEISE IM GARTEN BASTELN. MANCHE LASSEN SICH VERBLÜFFEND EINFACH ZAUBERN UND SIND DABEI AUCH SCHNELL ZUR SEITE GERÄUMT.

Material

- alter Pferdesattel
- großer Jutesack
- Stroh
- Stück Baumstamm mit abgesägtem, dickem Ast, z. B. Birke, mit etwa 15 cm Durchmesser und 40 cm Länge
- Knäuel schwarze Wolle, davon 20 bis 30 etwa 10 cm lange Wollfäden
- Bast
- schwarze Wachsstifte
- selbst gehäkeltes Band o. Ä. als Halfter

Los geht's

1. Ein Birkenbaumstamm dient als Pferdekopf. Hier hat er etwa einen Durchmesser von 15 cm und ist ca. 40 cm lang. Idealerweise befindet sich eine abgeschnittene Astgabel an einem Stammende. Sie bildet das Pferdemaul.

2. Mit der Wolle knüpfen wir Pony und Mähne für das Pferdchen. Dazu einfach eine Wollschlaufe im Umfang des Baumstammes knüpfen, sodass die beiden Enden mindestens 20 cm überstehen. An die Schlaufe die zugeschnittenen Wollfäden als Pony knoten, die Mähne knüpfen wir an die langen Schlaufenenden.

3. Mit schwarzen Wachsstiften bekommt unser Pferd ein Gesicht: wir malen ihm zwei Augen und Nüstern.

4. Den Jutesack fest mit Stroh auffüllen. An das geschlossene Ende den Bast als Pferdeschweif knüpfen. Dazu den Bast durch das grobmaschige Jutegewebe ziehen und verknoten. Den Pferdekopf in das offene Sackende stecken und mit der Wolle fest verknoten.

5. Zur Krönung bekommt unser Pferdchen einen echten alten Sattel aufgelegt. Als Halfter dient hier ein selbst gehäkeltes Band.

INTERESSANT | MATERIALSUCHE Der Clou bei unserem Pferdchen ist der echte alte Sattel. Defekte Exemplare findet man beispielsweise günstig in Internetauktionen oder auf Reiterflohmärkten.

SPIELGERÄTE LASSEN SICH LEICHT SELBERMACHEN

KINDER-GARTENKÜCHE
aus buntem Blech

AUS EINER GROSSEN OLIVENDOSE BAUEN WIR EINEN GARTENHERD. DIE BENÖTIGTEN WERKSTOFFE BESTEHEN FAST ALLE AUS GEBRAUCHTEN DINGEN. BEVOR WIR ANFANGEN, ZIEHEN WIR ALS SACHENSUCHER À LA PIPPI LANGSTRUMPF LOS.

Material für den Herd

- Korpus: große, eckige Dose
- große Herdplatten: 2 Blechdeckel, Durchmesser etwa 9 cm
- kleine Herdplatten: 2 Blechdeckel, Durchmesser etwa 6 cm
- Drehschalter: 4 kleine Limonadendeckel
- Zubehör: einige schöne Klebehaken, kleine Topflappen, Puppentöpfe etc.

Werkzeuge und Hilfsmittel

- Werkzeugdorn oder Ahle zum Löchervorbohren
- Akkuschrauber
- Heißluftklebepistole
- 4 kleine Holzklötzchen zum Verschrauben der Schalter
- 4 kurze Schrauben
- Stift zum Markieren der Schalter

Los geht's

1. Die Limodeckel werden mit einem spitzen Werkzeug, z. B. Dorn, in der Mitte vorgebohrt. Dazu legen wir sie auf die kleinen Holzklötzchen. Alternativ können wir mit einem spitzen Nagel ein Loch schlagen.

2. Die Position der Drehschalter wird am Herdkorpus markiert. Damit der Abstand vom oberen Rand gleichmäßig wird, legen wir eine gerade Holzleiste oben an und reihen die Limodeckel unterhalb auf. Zum Verschrauben der Drehschalter halten wir die Holzklötzchen innen in der Dose fest und schrauben die Deckel von außen dagegen.

3. Anschließend werden die Herdplatten mit der Heißluftpistole auf der Dosenoberseite verklebt. Dazu heizen wir die Pistole kurz vor und verteilen den Kleber am unteren Deckelrand. Vorsicht: Hier muss sehr schnell und genau gearbeitet werden, denn heißer Kleber auf der Haut tut sehr weh. Zudem härtet er schnell aus und klebt dann nicht mehr. Alternativ können die Platten auch festgeschraubt werden.

4. Zum Schluss befestigen wir an der Dosenseite Klebehaken für Topflappen.

TIPP | DIE MATERIALSUCHE Für den Gartenherd benötigen wir eine eckige, große Dose zur Konservierung von Oliven oder Öl. Einfach in Lebensmittelgeschäften, Restaurants oder bei Marktständen, die Oliven verkaufen, nachfragen. Als Schalter und Herdplatten noch einige schöne Blechschraubdeckel, z. B. von Marmeladengläsern und Limoflaschen, sammeln.

[1.]

[3.]

[2.]

[4.]

NATUR-WERKSTATT
Basteln und Bauen mit Holz

AN DIE BRETTER, FERTIG, LOS! KANN ES EIN SCHÖNERES GEFÜHL GEBEN, ALS SICH NACH DER ARBEIT AUF DEM SELBST GEBAUTEN STUHL AUSZURUHEN? VIELLEICHT DER EINZUG INS EIGENE BAUMHAUS?

NATUR-WERKSTATT

NATUR-BILDERRAHMEN
Knoten und Bünde

UM EINEN RECHTWINKLIGEN NATUR-BILDERRAHMEN HERZUSTELLEN, LASSEN SICH VERSCHIEDENE VERBINDUNGSTECHNIKEN ANWENDEN. DAZU BRAUCHEN WIR NUR EINE ROLLE SCHNUR, VIER GLEICH LANGE UND DICKE ÄSTE UND ETWAS GESCHICK.

Material

- Rolle Sisalschnur
- Schere
- ggf. Gartenschere
- 4 möglichst gerade Äste in ca. 2 cm Stärke
- Blätter, Blüten, Fundstücke zum Verzieren

Los geht's

1. Wir befestigen ein Schnurende mit einem sogenannten Zimmermannsklank am Ast. Dazu eine Schlaufe machen, indem das Schnurende zweimal um sich selbst gewickelt wird. Das lange Ende von hinten um den Ast schlagen und von vorne durch die Schlaufe führen. Enden festziehen.

2. Für den sogenannten Kreuzbund einen zweiten Ast im rechten Winkel anlegen. Das sieht aus wie ein Pluszeichen. Das lange Schnurende von oben über den längs liegenden zweiten Ast schlagen, auf der anderen Seite unter dem ersten Ast durchführen und wieder über den zweiten Ast hinweg.

3. Die Schnur genau entlang der ersten Lage führen.

4. Sie sollte sich nicht überschneiden und straff gezogen sein. Nach der zweiten Lage die Schnur zum Straffen einmal unter den oberen Ast binden.

5. Zum Abschluss den Bund mit einem gesteckten Mastwurf festziehen, der die Form einer Acht hat. Dazu die Schnur von oben über den unteren Ast führen und anschließend an der Unterseite zum Ausgangspunkt zurück, sodass sich eine erste Schlaufe bildet. Das lose Schnurende von vorne nach hinten über den Ast führen und wieder nach vorne. So entsteht eine zweite Schlaufe. Das lose Ende unterhalb der ersten Schlaufe nach oben führen und festziehen.

6. Auf gleiche Weise drei weitere Bünde schnüren, den Rahmen mit Schnur umwickeln, Blüten, Blätter und andere Fundstücke in das Geflecht stecken und aufhängen.

INTERESSANT | TECHNIK, DIE VERBINDET Als Bund bezeichnen Pfadfinder die Verbindung von verschiedenen Gegenständen. Im Unterschied dazu werden mit einem Knoten nur Seile bzw. Schnüre verbunden. Beide zählen zu den ältesten Verbindungstechniken und sind, richtig angewandt, äußerst halt- und belastbar.

[1.]

[2.]

[3.]

NATUR-WERKSTATT

KLANGGARTEN
Ein Xylofon bauen

HOLZ IST NICHT GLEICH HOLZ. JE NACH BAUMART UNTERSCHEIDET ES SICH IN AUSSEHEN, HÄRTE UND BESTÄNDIGKEIT. DA VERWUNDERT ES KAUM, DASS SEHR UNTERSCHIEDLICHE TÖNE DAMIT ERZEUGT WERDEN KÖNNEN.

Material

unterschiedliche Holzarten in unterschiedlichen Längen und Stärken, z. B. Buche, Eiche, Esche oder auch Birke und Obstgehölze

Sisalschnur

Bohrmaschine mit langen Holzbohrern

ggf. Säge

Holzlöffel

Los geht's

1. Der beste Zeitpunkt zum Bau eines Xylofons ist die Schnittsaison für Gehölze im zeitigen Frühjahr und Herbst. Dann findet man überall geeignete Astabschnitte. Bei Bedarf werden sie mit der Säge auf unterschiedliche Längen gekürzt und mit der Bohrmaschine etwas unterhalb der jeweiligen Astenden ein Loch in das Holz gebohrt.

2. Nun wird eine Schnur eingefädelt und verknotet. Das Bohrloch sollte immer ungefähr auf der gleichen Höhe sitzen.

3. Die Klanghölzer werden nach ihrer Tonhöhe über einen weiteren Ast gefädelt und aufgehängt. Zur Ermittlung der Tonhöhen ist eine Faustregel ganz wichtig: Je länger und dicker ein Ast ist, desto tiefer ist auch der Ton, den er erzeugen kann. Wer dem Instrument Töne entlocken möchte, verwendet am besten einen Schlägel zum Anschlagen der Hölzer. Dazu eignet sich ein anderer Ast oder ein Holzkochlöffel.

UM UNTERSCHIEDLICHE TONHÖHEN ZU ERZIELEN, VERWENDET MAN VERSCHIEDEN LANGE UND DICKE ÄSTE VON UNTERSCHIEDLICHEN BAUMARTEN.

INTERESSANT | EIN HOLZ FÜR JEDEN TON   Das griechische Wort Xylofon bedeutet direkt übersetzt "Holzstimme". Bei den meisten Formen dieses Instrumentes liegen die Klanghölzer auf einem sogenannten Resonanzkörper. Das ist eine Art hohle Kiste, die den Schall einfängt und verstärkt. Im Unterschied dazu hängen die Klanghölzer bei unserem Xylofon an Schnüren in der Luft. So ist es auch eine Art Windspiel.

NATUR-WERKSTATT

SCHNITZEN
So klingt meine Weidenpfeife

IN DIESEN STÖCKEN STECKT MUSIK. MIT EINEM TASCHENMESSER FÜR KINDER SCHNITZEN WIR EINE WEIDENPFEIFE. DAS EINFACHE, ABER SCHÖNE MUSIKINSTRUMENT EIGNET SICH HERVORRAGEND ALS ERSTE SCHNITZÜBUNG.

Material

gut geschärftes Kindertaschenmesser mit abgerundeter Spitze

etwa daumendickes, 20 cm langes Stück Weidenrute

Los geht's

1. Für das Mundstück spitzen wir, mit einem Schnitt vom Körper weg, das eine Astende auf einer Länge von etwa 2 cm an.

2. Für das spätere Pfeifloch die Rute etwa 3 cm vom Astende zweimal schräg einritzen, sodass eine Kerbe entsteht.

3. Etwa 5 cm vom gegenüberliegenden Astende die Rinde rundherum mit dem Messer einritzen.

4. Um die Rinde vom Holz zu lösen, mit dem zusammengeklappten Messer rundherum auf den Zweig klopfen. Nach einigen Minuten lässt sich die Rinde drehend nach oben abziehen. Vorsicht: Der Rindenhohlkörper darf nicht reißen, deshalb sehr langsam arbeiten.

5. Nun das Mundstück vom restlichen Kernholz abschneiden. Dazu einen geraden Schnitt an der ersten Kerbe machen. Damit ein Luftloch für den Pfeifton entsteht, das Mundstück abflachen und vorne einige Millimeter gerade einkürzen.

6. Das Mundstück mit der abgeflachten Seite zur Kerbe in die Rindenhülse schieben. Die Tonhöhe verändern wir, indem wir blasend das Kernholz auf- und abschieben.

Schnitzregeln

- Zum Arbeiten suchen wir uns einen sicheren Platz mit festem Untergrund. Besonders gut schnitzen wir im Sitzen mit gespreizten Beinen.

- Das Messer klappen wir nur zum Schnitzen aus und nach Gebrauch stets wieder ein.

- Wir achten darauf, niemanden zu gefährden. Die Schneide führen wir nicht in Richtung eines Anderen oder eigener Körperteile. Die Klinge zeigt beim Schnitzen stets vom Körper weg.

[1.]

[3.]

[2.]

[4.]

NATUR-WERKSTATT

SCHMETTERLINGSFLÜGEL
Tierchen aus biegsamen Zweigen

AUS BIEGSAMEN ZWEIGEN BASTELN WIR HIER SCHWUPPDIWUPP EIN PAAR SCHMETTERLINGSFLÜGEL. VIEL SPASS BEIM BIEGEN UND SPIELEN. UND DANN HEISST ES, BEREIT ZUM ABHEBEN?

Material

2 biegsame Zweige, etwa je 2 m lang

Taschenmesser oder Gartenschere

Rolle Sisalschnur

Pflanzen zum Dekorieren wie Gräser, langstielige Blüten etc.

TIPP Am besten lassen sich frisch geschnittene Weiden- oder Haselruten verwenden. So nennt man die einjährigen Triebe, die noch wenig verzweigt sind. Aber auch Heckenrosen, die nur wenige Stacheln haben oder Forsythienzweige sind geeignet. Sie sollten möglichst gerade gewachsen und ohne Verästelungen sein. Der beste Zeitpunkt für den Schnitt ist das Frühjahr, weil die Weiden dann voll im Saft stehen. Trockene Ruten werden über Nacht in Wasser eingeweicht.

Los geht's

1. Wir biegen einen Zweig in der Mitte und überkreuzen ihn so, dass die Enden etwa zur Hälfte überstehen. Das Ganze sieht dann in etwa aus wie ein großer Fisch. Anschließend fixieren wir die Form mittig an der Schnittstelle mit einer ca. 1,5 m langen Schnur.

2. Die überlappenden Zweigenden verkanten wir zu einem zweiten etwas kleineren Bogen. Das Ganze hat nun etwa die Form einer Acht. Die dünne Zweigspitze wickeln wir um das dicke Ende und binden es mit etwas Schnur über Kreuz fest.

3. Auf gleiche Weise binden wir eine zweite ebenso große „Acht". Die beiden Achten legen wir dann an den Schnittstellen übereinander und binden sie mit den losen Schnurenden zusammen.

4. Aus den Schnurenden knoten wir zwei Schlaufen als Riemen zum Aufsetzen, umwickeln die Flügel netzartig mit Sisalschnur und schmücken das Ganze mit Blumen und Gräsern. Mit den Schnurschlaufen setzen wir die Flügel auf den Rücken. Und dann heißt es: Fertig zum Abheben?

INTERESSANT | DAS IDEALE WEIDENSTÜCK Häufig findet man Schnittgut im zeitigen Frühjahr z. B. an Knicks, Böschungen oder Ufersäumen. Einfach einen kleinen Familienausflug machen oder beim örtlichen Bauern oder dem Gartenbauamt nachfragen. Auch Baumschulen bieten Weidenruten zum Verkauf. Ein wichtiger Stichtag für die Weidenernte ist der 1. März jeden Jahres. Danach dürfen Bäume wegen der beginnenden Vogelbrut nicht mehr beschnitten werden!

NATUR-WERKSTATT

GEMÜSELADEN
im Grünen

FRISCHE WEIDEN SIND EXTREM BIEGSAM, SEHR STARKWÜCHSIG UND SCHLAGEN SCHNELL WURZELN. HIER BAUEN WIR EIN EINFACHES RANKGITTER, DAS GANZ NACH BELIEBEN ALS GEMÜSE-, BLUMEN-, EISLADEN ODER SOGAR GARTENPUPPENTHEATER DIENEN KANN.

Material
Stückliste Weiden

(A) 6 lange für den großen Bogen (hier etwa 3 m)

(B) 2 mittellange für das Dreieck im Bogen (hier etwa 2 m)

(C) 2 gerade für die Querstreben (hier etwa 1,5 m)

(D) 3 kürzere für die drei kleinen Bögen (hier etwa 1 m)

TIPP Die genauen Längen/Höhen werden am besten der Körpergröße der Kinder, die mit dem Laden spielen, angepasst!

Werkzeug

Garten- und Astschere

Schnur

Klammern zum vorübergehenden Fixieren des Bogens

Spaten

zum Spielen zusätzlich Balkonkasten, Blumen, Gemüse, Küchenwaage

Los geht's

1. Je drei lange Ruten (A) bündeln und in etwa 1,1 m Abstand liegend zu einem Rundbogen formen. Bevor das Ganze mit Schnur verknotet wird, mit den Klammern vorübergehend fixieren.

2. Am gewünschten Standort in der Breite des Bogens zwei etwa 30 cm tiefe Löcher ausheben.

3. In der oberen Bogenhälfte zwei mittellange Ruten (B) zum Aussteifen der Konstruktion festknoten. Sie bilden zusammen mit der Durchreiche (C) ein Dreieck. Die Spitze befindet sich unterhalb des Bogenscheitels. Die Höhe der Querstrebe wird der Größe des Kindes angepasst, sodass eine bequeme Durchreiche entsteht. Dazu den Bogen in die Löcher einlassen.

4. Die untere Querstrebe (C) waagerecht im Bogen festbinden.

5. Zwischen den Querstreben (C) drei kleine Bögen befestigen (D). Das sieht hübsch aus und stabilisiert. Der höchste Punkt der Bögen liegt an der oberen Querstrebe, die die Durchreiche bildet.

6. Den Bogen wieder in die Löcher stellen und das Ganze zuschaufeln. Soll der Laden wachsen, die Ruten vor allem bei Trockenheit regelmäßig wässern.

7. Einen alten Balkonkasten an die obere Strebe des Verkaufsfensters hängen, einige Töpfe mit Blumen, Gemüsepflanzen sowie eine alte Küchenwaage hineinstellen. Fertig ist der Kaufmannsladen im Grünen!

> SOLLEN DIE FRISCHEN RUTEN ANWACHSEN, EINFACH MIT DER SCHNITTSTELLE NACH UNTEN EIN PAAR TAGE IN EINEN HOHEN WASSERBEHÄLTER STELLEN. ANGEWACHSENE WEIDEN WERDEN JEDES JAHR GRÖSSER UND SCHLAGEN STARK AUS.

[1.]

[3.]

[7.]

STUHL AUS WILDHOLZ
Bitte Platz nehmen!

EINEN STUHL AUS WILDHOLZ HERZUSTELLEN IST NICHT BESONDERS SCHWIERIG. ALLERDINGS ERFORDERT DIE ARBEIT ETWAS RÄUMLICHES VORSTELLUNGSVERMÖGEN, KONZENTRATION UND GEDULD.

Materialliste Holz

- 2 etwa 90 cm lange, gerade Äste (A) – lange Rückteile
- 7 etwa 25 cm lange Äste (B) – Querstreben
- 2 etwa 30 cm lange Äste (C) – Rücklehne oben und Sitzfläche vorne
- 2 etwa 32 cm lange Äste (D) – Beine vorne
- 2 etwa 28 cm lange Äste (E) – Verbindung Vorder- und Rückteil
- 2 etwa 30 cm lange Äste Durchmesser 1,5 cm (F) – Strebensitzfläche
- etwa 10 biegsame Zweige

Werkzeug

- feuerverzinkte Nägel
- Säge zum Kürzen der Äste
- Gartenschere
- Akkuschrauber mit Holzbohrer
- Zimmermannshammer
- Schraubstock oder helfende Hände, die das Werkstück halten

Los geht's

1. Die Äste in der späteren Stuhlform flach auf den Boden legen. Sind alle Teile da? Passen die Astlängen oder muss noch gekürzt werden?

2. Wir starten mit der Rücklehne und den hinteren Stuhlbeinen, die ein Bauteil bilden. Die beiden langen Äste (A) mit einem Ast (B) zu einer H-Form verbinden. Die mittlere Querstrebe ist später Teil des Gerüsts für die Sitzfläche. Sie wird daher der Sitzhöhe des Kindes angepasst. Die Äste wie folgt verbinden:

2a Die langen Äste (A) mit einem Nagel auf Sitzhöhe markieren, dort vorbohren und einen Nagel durch das Loch schlagen.

2b Den kurzen Ast (B) einspannen und den Nagel aus den langen Ästen (A) mit dem Hammer in das Mark schlagen.

3. Auf gleiche Weise fügen wir im oberen Teil der H-Form je nach Geschmack eine oder zwei weitere Mittelstreben (B) zum Stabilisieren ein, jeweils eine oben und eine unten. Das Hinterteil mit Rücklehne und Beinen ist nun fertig und wird zur Seite gelegt.

4. Nun geht's an die vorderen Stuhlbeine: zwei kurze Äste (D) mit einem etwas längeren Ast (C) auf bewährte Weise zusammensetzen. Das Bauteil ähnelt einem umgekehrten U. Darauf achten, dass das Vorderteil die gleiche Höhe hat wie das Rückteil bis zur mittleren Querstrebe! Ggf. können die Stuhlbeine mit der Gartenschere auf eine einheitliche Länge gekürzt werden.

5. Zum Stabilisieren eine weitere Querstrebe (B) einfügen. Der Rahmen unseres Stuhles mit Beinen und Rücken ist nun fertig.

6. Jetzt kommt die Sitzfläche dran. Es ist noch ein bisschen Arbeit, aber am Ende können wir auf unserem selbst gebauten Stuhl Platz nehmen und uns dort ausruhen!

[1.]

[2b.]

[5.]

Materialhinweis

Für den Stuhl werden sowohl hartes Holz für das Grundgestell als auch biegsame Zweige zur Herstellung der Sitzfläche verbaut. Für das Gestell benötigen wir schöne, möglichst gerade und lang gewachsene Äste, z. B. von Eichen. Vor Baubeginn kürzen wir die Äste auf die ungefähren Längen. Da wir mit unregelmäßig gewachsenem Wildholz arbeiten, wird dieses ggf. während des Zusammensetzens genau angepasst.

7. Für die Sitzfläche verbinden wir Vorder- und Rückteil mit zwei Querstreben (E). Sie werden im rechten Winkel an die vorderen Stuhlbeine, die aussehen wie ein umgekehrtes U, angebaut. Dies passiert auf altbewährte Weise: Das umgekehrte U wird in den beiden oberen Ecken vorgebohrt und die Querstreben werden mit zwei Nägeln befestigt.

8. Als Nächstes die Äste mit dem geringeren Durchmesser (F) in gleichmäßigem Abstand in die Sitzfläche einpassen und festnageln. Sie dienen gleich als Gerüst für das Weidengeflecht der Sitzfläche.

9. Jetzt geht's ans Flechten: Dafür nehmen wir eine Weidenrute und führen sie mit der dünneren Spitze zuerst abwechselnd von oben nach unten zwischen den Streben der Sitzfläche hindurch. Bei der nächsten Weidenrute arbeiten wir genau gegenläufig, d. h., wir beginnen auf der Seite, wo wir mit dem Fädeln aufgehört haben. Wieder geht es immer abwechselnd von unten nach oben zwischen den Streben hindurch.

10. Als Letztes fügen wir zum Stabilisieren des Stuhles noch einige Querstreben zwischen den Stuhlbeinen ein. Dann heißt es: Bitte Platz nehmen!

FÜR EINE EINFACHE ECKVERBINDUNG WIRD EIN NAGEL ERST DURCH EINEN VORGEBOHRTEN AST UND DANN IN DAS MARK, ALSO DIE WEICHE MITTE DES ZWEITEN ASTES, GETRIEBEN.

[7.]

[9.]

[10.]

[1.]

[2.]

[3.]

[4.]

INTERESSANT | UNSER BAUMHAUS Wir bauen eine Mischform, bei der die Plattform sowohl auf einer stabilen Astgabel, als auch auf zwei außenstehenden Pfosten liegt. So wird der Baum entlastet und die Plattform ist leichter zu befestigen. Die Betonfundamente dürfen das Wurzelwerk nicht verletzen. Zu Baubeginn deshalb Probelöcher an den Wunschstandpunkten graben. In die Fundamente feuerverzinkte H-Pfostenträger einlassen und später mit den Balken verschrauben.

BAUMHAUS
Kindertraum in luftigen Höhen

JEDES BAUMHAUS IST EINZIGARTIG. SEINE BAUWEISE UND DAS AUSSEHEN BESTIMMT DER BAUM, DENNOCH GIBT ES EINIGE GRUNDSÄTZLICHE TIPPS UND TRICKS, DIE SICH LEICHT AUF DAS EIGENE PROJEKT ÜBERTRAGEN LASSEN.

Material

möglichst witterungsbeständige, aber nicht zu schwere Holzarten, z. B. Lärche

Auflagerbalken mit rechteckigem Querschnitt, z. B. in 7/14

rutschfeste Riffelbohlen für die Plattform

als Geländer fertige Zaunelemente, deren Leisten nicht weiter als 10 cm auseinanderliegen

Schrauben aus rostfreiem Edelstahl – im Baum –

Werkzeug

Stichsäge

Akkuschrauber

Bohrmaschine, Bohraufsätze

Schrauben

Wasserwaage

Fuchsschwanzsäge

Zwingen, Spanngurte

Hammer, Stemmeisen, Raspel

Schwingschleifer und Schleifpapier

Bevor es losgeht

- Eignet sich der Wunschbaum für den Bau? Ist er kräftig, gesund und weitestgehend ausgewachsen? Gut geeignet sind z. B. Eichen, Buchen, Linden, Weiden, Eschen, Kastanien, Nadelbäume und große Obstbäume. Birken, Ulmen und Pappeln sind als Flachwurzler weniger geeignet.

- Ist eine Baugenehmigung vonnöten? Die Bestimmungen hierfür unterscheiden sich von Bundesland zu Bundesland.

- Werden Stabilität und Flexibilität des Baumes durch das Haus beeinträchtigt? Bäume können schon an kleinen Verletzungen eingehen und wollen sich im Wind bewegen. Größe, Form und Art der Befestigung des Baumhauses werden deshalb von der Wuchsform bestimmt. Sollte kein geeigneter Baum im Garten sein, ist ein Stelzenhaus eine Alternative.

Jetzt geht's los

1. Astgabeln sind gute Auflager. Zum Baumschutz die Auflageflächen der Balken mit aufgenagelten Fahrradmänteln abpolstern.

2. Tragende Teile besser mit einer großen Schraube als mit vielen kleinen oder gar Nägeln am Baum befestigen.

3. Die Pfosten mit der Wasserwaage justieren und vorübergehend mit einer quer vernagelten Latte fixieren, damit sie am Ende auch gerade stehen. Später mit Kopfbändern stabilisieren. Sie verbinden Pfosten und Auflager zu einem Dreieck.

4. Der Abstand der Auflagerbalken darf nicht größer als 80 cm sein. Günstig sind Dreieckskonstruktionen, da sie verwindungssteif sind. Nicht vergessen, die Falltür mit einzuplanen!

[6.]

[7.]

[8.]

5. Das Gewicht der Konstruktion sollte so gering wie möglich sein, da sie eine ständige Belastung für den Baum darstellt. Die Auflagerbalken etc. deshalb nicht überdimensionieren. Balken mit einem rechteckigen Querschnitt sind geeigneter als quadratische.

6. Damit die Plattform auch nach Regenwetter nicht rutschig ist, Riffelbohlen aus Lärche verwenden und in 0,5 cm Abstand mit leichtem Gefälle verschrauben. So kann das Wasser gut ablaufen. Die Länge der Bohlen am besten mit einer Stichsäge direkt vor Ort anpassen.

7. Geländer bzw. Außenwände des Baumhauses müssen besonders stabil sein und sollten möglichst wenig waagerechte Streben aufweisen, die zum Klettern einladen. Die Geländerpfosten gut an der Unterkonstruktion verschrauben.

8. Für die Geländerpfosten mit der Stichsäge passgenaue Aussparungen in die Riffelbohlen sägen. Danach die Pfosten vorläufig mit Schraubzwingen an der Unterkonstruktion fixieren und fest verschrauben.

9. Für die Falltür die Riffelbohlen auf ein Z aus den restlichen Abschnitten der Bohlen schrauben und schließlich mit Scharnieren befestigen.

10. Unser Baumhaus ist eher ein luftiger Ausguck. Mit Tüchern und Matten kann es nach Wunsch umgebaut werden. Ein Korb an einem langen Band sichert die Versorgung und ist bereits in der Bauphase sehr praktisch.

[9.]

Sicherheits-Check

- Vorstehende Kanten, Zweige sowie totes Gehölz entfernen, da sie eine Gefahr bei Klettertouren darstellen. Raue und splittrige Holzoberflächen hobeln bzw. schleifen.

- Eine weiche federnde Bodenfläche, z. B. aus Rindenmulch, ist ideal. Harte und spitze Gegenstände wie Gehwegplatten, Steine und Zweige entfernen.

- Strickleitern sind viel schwerer zu erklimmen, als feste Leitern. Sie sind für ältere Kinder geeignet und können bei Bedarf eingezogen werden. Es gilt: Je länger die Strickleiter ist, desto schwieriger ist das Erklimmen.

[10.]

REGISTER

A
Ackerschachtelhalm 61
Akkuschrauber 43, 51 f., 94, 108, 113
Anzuchterde 12, 15, 38
Äpfel 76
Äste 99
Astschere 106
Ausstechformen 88

B
Balkonkasten 37, 106
Bärlauch 79
Bast 93
Bauklötze 88
Baumarten 20
Baumblätter 20
Baumhaus 113
Baumstamm 84, 93
Beeren 56
Beet 9, 28, 32, 34
Bennnessel 69
Bestimmungsbuch 11, 20
Biene 10, 49
Bienenwachs 67
Bilderrahmen 99
Bindetechniken 65
Binsen 49
Birke 101
Blätter 76, 82
Blech 90, 94
Blechdose 90
Blumen 65, 74, 106
Blumenkränze 65
Blumentopf 23
Blüten 69, 76, 82, 105
Bohnen 31
Bohrmaschine 49, 101, 113
Briefumschläge 17
Buche 101

C
Campingkocher 56, 59, 67
Currykraut 79

D
Dachpappe 49
Dachziegel 49
Dose 94
Draht 31, 61, 65, 88, 90
Drahtzange 31
Duftgeranien 79
Duftkräuter 79
Duftöl 69
Duftpflanzen 79
Dunkelkeimer 12

E
Eiche 101
Eiswürfelschalen 69
Erbsen 31
Erdbeeren 43, 56
Erde 9, 34, 41, 45
Esche 101
Essbare Pflanzen 28

F
Fangspiele 73
Feuer 24
Filz 90
Firstpfannen 87
Fledermaus 52
Flieder 79
Fotokamera 8, 20
Frauenmantel 65, 69, 74
Fuchsschwanzzange 114

G
Gänseblümchen 65, 69
Gartenhocker 62
Gartenküche 94
Gartenschere 31, 49, 61, 105 f., 108
Gehrungssäge 49
Gelierzucker 56
Gemüse 9, 106
Geschicklichkeitsspiele 76
Gießkanne 9, 12, 15, 24, 31, 34, 37, 87
Glocke 90
Gräser 61, 65, 105
Gundermann 69
Gurken 31

H
Hammer 90, 113
Haselruten 105
Heißluftklebepistole 94
Herbarium 18
Himbeerblätter 79
Himbeeren 56
Holz 101, 113
Hummeln 49

I
Insekten 10 f., 37, 49
Insektenhotel 49

J
Johannisbeeren 56
Johanniskraut 69
Jutesack 76, 93

K
Kamille 65
Kartoffeln 41
Kastanienblätter 74
Kindertaschenmesser 102
Kirschpaare 76
Klanghölzer 101
Klebestift 17
Kletterhilfe 31
Knoten 99
Kompass 23
Königskerze 49
Kräuter 69
Kräuterbeet 79
Kresse 28
Küche, Garten- 94
Küchenwaage 56, 76, 106

L
Lärche 113
Laufspiele 73
Lavendel 69, 79
Lehm 23, 49, 87 f.
Lichtkeimer 12
Löwenzahn 65
Lupe 9, 11

M
Malkasten 59
Mandala 82
Mandelöl 67
Margerite 65
Marmelade 56
Marmeladengläser 59, 67
Maschendraht 31
Muscheln 23

N
Nisthilfe 51
Nistkasten 52

O
Obst 56
Obstbaum 45
Olivendose 62
Olivenöl 51

P
Pfefferminze 79
Pferd 93
Pferdesattel 93
Pfirsiche 56
Pflanzen, essbare 28
Pflanzenpresse 18, 20
Pflanzenquiz 74
Pflanztopf 12, 15, 62
Pinsel 61
Pürierstab 56

Q
Quiz, Pflanzen- 74

R
Radies 28
Rankgitter 31, 106
Regenrinne 87
Regenwurm 9
Reissack 41
Ringelblume 67, 69, 74
Ringelblumencreme 67
Rosen 69, 79
Rosmarin 79

S
Sackhüpfen 76
Säge 101, 108
Salat 28
Salbei 79
Samen 12, 15, 17, 28, 37
Sand 9, 23 f., 32, 37 f., 82, 88
Schätzspiele 76
Schaufel 45, 88
Schilf 49
Schmetterlinge 10
Schmetterlingsflügel 105
Schnitzen 102
Schokoladenblume 79
Schrauben 51 f., 94, 113
Schrauben, Holz- 43
Schublade 49
Seife 69
Sisal 31, 45, 61 f., 90, 99, 105
Sonnenblume 15, 35
Sonnenuhr 23
Spanngurte 113
Spaten 18, 32, 34, 106
Speiseöl 69
Stein 76, 82
Stelzen 90
Stichsäge 51, 113
Storchschnabel 65
Sträuße 74
Streichhölzer 24, 90
Stroh 88, 93
Stuhl 108
Stützpfosten 45

T
Taschenmesser 61, 105
Taschenmesser, Kinder- 102
Teesieb 69
Telefon 90
Teppichklebeband 62
Thymian 79
Ton 88
Tontöpfe 82
Topflappen 94
Traubenhyazinthen 38

V
Vergissmeinnicht 65
Verkleidung 73

W
Wachsstifte 93
Wachstuch 62
Waldmeister 79
Wäscheklammern 76
Wäscheleine 76
Weide 31, 102, 105 f., 108
Weinfass 87
Wildblumensamen 37
Wildholz 108
Windlichter 62
Windspiel 101
Wippe 84
Wolle 93

X
Xylofon 101

Z
Zeitungspapier 12
Ziegel 32, 49, 87
Zitronenmelisse 79
Zitronensaft 56
Zollstock 15
Zuckerschoten 31
Zweige 105
Zwetschgen 56
Zwiebelblumen 38
Zwiebelsetzer 38

SERVICE

NÜTZLICHE ADRESSEN

Naturschutzbund Deutschland e. V. (NABU)
Charitéstr. 3
10108 Berlin
Tel.: (0 30) 28 49 84-0
www.nabu.de

Bund für Umwelt und Naturschutz Deutschland e. V. (BUND)
Am Köllnischen Park 1
10179 Berlin
Tel.: (0 30) 27 58 64-0
www.bund.net

Die Bienenkiste
Kielkamp 35
22761 Hamburg
Tel.: (0 40) 88 16 83 35
www.bienenkiste.de

Vivara Naturschutzprodukte
Kaiserswerther Str. 115
40880 Ratingen
Tel.: (0 18 05) 84 85 71
www.vivara.de

Pötschke Ambiente GmbH
Beuthener Str. 4
41564 Kaarst
Tel.: (0180 5) 86 11 00
www.poetschke-ambiente.de

Manufactum GmbH & Co. KG
Hiberniastr. 5
45731 Waltrop
Tel.: (23 09) 93 90 60
www.manufactum.de

ZUM WEITERLESEN AUS DEM KOSMOS VERLAG

Bestimmungsbücher
Frank Hecker: **Der Kosmos Tier- und Pflanzenführer.** 1.000 Arten, 4.000 Abbildungen, 544 Seiten, 12,99 €

Angelika Throll: **Was blüht im Garten?** 1.000 Pflanzen, Pflege, Merkmale, Sorten, 448 Seiten, 14,99 €

Joachim Mayer: **Welcher Baum ist das?** 170 Bäume einfach bestimmen. 128 Seiten, 5,95 €

Hans-Heiner Bergmann, Wiltraud Engländer: **Unsere Gartenvögel ganz nah.** DVD-Box mit 40 Filmen, 40 Stimmen, 12,99 €

Peter H. Barthel: **Was fliegt denn da?** Das Original. Alle Vogelarten Europas sicher bestimmen. 1.800 Zeichnungen, 200 Seiten, 9,99 €

Klaus Richarz: **Fledermäuse** beobachten, erkennen und schützen. 144 Seiten, 9,99 €

Heiko Bellmann: **Welches Insekt ist das?** 170 Insekten einfach bestimmen. 128 Seiten, 5,99 €

Garten- und Naturerlebnisbücher
Bärbel Oftring: **Ein Garten für Tiere.** Gestalten, Pflanzen, Beobachten. 80 Seiten, 7,99 €

Katja Maren Thiel: **gartenkinder.** Pflanzen, lachen, selber machen. 160 Seiten, 19,99 €

Katja Maren Thiel: **natur & kinder.** Die besten Ideen für kleine und große Naturentdecker. 160 Seiten, 19,99 €

Meine Schnitzwerkstatt. Mit Opinel Kinderschnitzmesser, ab 8 Jahren, 80 Seiten, 19,95 €

IMPRESSUM

Bildnachweis
Mit 173 Farbfotos von Annette Timmermann, Kalübbe.

Impressum
Umschlaggestaltung von Gramisci Editorialdesign, München unter Verwendung von 12 Farbfotos von Annette Timmermann, Kalübbe.

Haftungsausschluss
Alle Angaben in diesem Buch sind sorgfältig geprüft und geben den neuesten Wissensstand bei der Veröffentlichung wieder. Da sich aber das Wissen laufend und in rascher Folge weiterentwickelt und vergrößert, muss jeder Anwender prüfen, ob die Angaben nicht durch neuere Erkenntnisse überholt sind. Dazu muss er zum Beispiel Beipackzettel zu Dünge-, Pflanzenschutz- bzw. Pflanzenpflegemitteln lesen und genau befolgen sowie Gebrauchsanweisungen und Gesetze beachten. Jede Dosierung und Anwendung erfolgt auf eigene Gefahr. Autor und Verlag müssen alle Schadensersatzansprüche von vornherein ablehnen.
Gebrauchsnamen, Handelsnamen, Warenbezeichnungen sind in diesem Buch ohne nähere Kennzeichnung in Bezug auf Marken, Gebrauchsmuster und Patentschutz weitergegeben. Daraus kann nicht abgeleitet werden, dass diese Namen und Verfahren als frei im Sinne der Gesetzgebung gelten und von jedermann benutzt werden dürfen.
Das Allerwichtigste ist, dass Sie die Pflanzen und insbesondere die Kräuter einwandfrei erkennen. Oftmals gibt es verwandte Arten, die sich sehr ähnlich sehen. Die eine ist jedoch gut, die andere giftig. Wenn Sie irgendwelche Zweifel haben, dann verwenden Sie die Pflanze nicht. In der Apotheke bekommen Sie beispielsweise die beschriebenen Kräuter in getrockneter Form.

Unser gesamtes lieferbares Programm finden Sie unter **kosmos.de**.
Über Neuigkeiten informieren Sie regelmäßig unsere
Newsletter, einfach anmelden unter **kosmos.de/newsletter**.

Gedruckt auf chlorfrei gebleichtem Papier

© 2016, Franckh-Kosmos Verlags-GmbH & Co. KG, Stuttgart.
Die Inhalte und Bilder dieser Ausgabe stammen aus den Titeln „Gartenkinder" (ISBN 978-3-440-13099-5) und „natur & kinder" (ISBN 978-3-440-13577-8)
Alle Rechte vorbehalten
ISBN 978-3-440-15362-8
Projektleitung: Birgit Grimm
Redaktion und Bildredaktion: Birgit Grimm
Gestaltungskonzept: Gramisci Editorialdesign, München
Gestaltung und Satz: DOPPELPUNKT, Stuttgart
Produktion: Jürgen Bischoff
Druck und Bindung: FIRMENGRUPPE APPL
Printed in Germany / Imprimé en Allemagne

PFLANZEN ZUM BASTELN & SCHNUPPERN

DIESE SOMMERBLUMEN VERFÜHREN MIT FARBE, DUFT ODER WUCHS.
SIE MACHEN SICH PRIMA IN EINEM KINDERBEET.

Schokoladenblume
Blüht von Mai bis August und riecht intensiv nach Schokolade

Jungfer im Grünen
Blüht von Juli bis August und ist toll zum Basteln, auch getrocknet.

Kapuzinerkresse
Blüht von April bis September. Samen, Blätter und Blüten schmecken würzig.

Gummibärchenblume
Blüht lang von Juni bis Oktober und duftet intensiv nach diesen Süßigkeiten.

Strohblume
Blüht von Mai bis Oktober. Die Blüten lassen sich wie Perlen auf ein Band ziehen.